JN409308

간이역
우체통

간이역 우체통

모임득 수필집

수필과비평사

■ 책머리에

지나고 보니 내게도 꽃피는 날이 있었다. 힘이 들어 주저앉고도 싶었지만 돌이켜보면 아주 특별하게 느껴졌던 그런 날들.

비가 오고 바람이 불어 꽃 지듯 아픈 시간들도 결국은 삶에 향기를 주는 것을 …….

어차피 세월은 가고 꽃이 지고 나면 또 다시 피는 것이 정한 이치라면, 이제 좀 더 나를 사랑하며 살아야 하리.

느지막이 10년 만에 쌍둥이를 낳기 위해 노력한 시간이 있어서인지 글을 내놓으려고 보니 아이들에 대한 글이 많다. 힘들게 낳았으니 노력한 시간들은 고통이었지만, 지나고 보면 꽃처럼 피어나던 순간들이기에 그러한가 보다.

아이들이 걸음마를 떼고, 달리기를 하고, 이제 중학생이 되어 내게 기쁨을 주듯, 십 년 후면 나의 글에도 꽃이 필는지. 아직은 꽃봉오리에 가깝지만 고통과 절망의 골짜기 지날 때마다 꽃잎은 피어나지 않을까. 그런 기대가 내게 용기를 준다.

글의 길을 열어 주신 지도 교수님. 애정 어린 눈길로 힘을 보태주는 주위 분들이 있어 마음 따뜻한 날을 보내고 있다.

설익은 글이지만 세상에 내어놓음은 힘겨운 투병을 하고 있는 반려자에게 힘을 보태고 싶어서이다.

수필과비평사에도 고마움을 전한다.

2013년 가을에

모 임 득

■ 목차

2

3

4

5

1

옹기甕器가 있는 풍경

사물도 있어야 할 곳에 놓여 있을 때 제 빛을 발하는가 보다.

어릴 적 추억이 깃든 고향의 초입. 버드나무 늘어진 개울을 따라 줄지어 늘어선 옹기들이 제 자리를 찾은 듯 편안해 보인다. 시골집 뒤란에 버려졌던 항아리들이 장醬을 담그겠다는 젊은 농부의 손에 의해 이렇듯 정겨운 풍경이 되었다.

크고 투박한 독이나 항아리부터 뚝배기 같은 자그만 옹기까지 수를 헤아릴 수가 없다. 혼자 덩그러니 있는 항아리도 멋스럽지만 항아리 위에 시루며 소줏고리, 등잔을 서너 개씩 올려놓으니 하나의 예술품인 듯 자꾸 시선이 간다.

옹기가 있는 풍경을 바라보면 시할머니가 생전에 저금통으로 쓰셨다는 항아리가 생각난다. 한푼 두푼 모은 돈을 차곡차곡 넣으며,

손주며느리를 볼 때 쓴다고 하셨단다.

위아래가 좁고 가운데는 볼록한 항아리. 기교를 부리지 않은 단순한 모양새에 투박하고 거친 표면이 자연스럽다. 꾸미지 않고 야단스럽지 않은 때깔은 무명 치마를 두른 할머니의 모습을 보는 듯하여 자꾸만 보듬어 본다.

시할머니는 어떤 손자며느리를 원하셨을까? 비록 생전에 뵙지는 못하였지만 항아리처럼 소박하고 어디에서나 잘 어울리는 편안한 며느리를 원하셨던 건 아닐까. 그리운 마음으로 항아리를 쓰다듬어 보니 동전 소리가 들리는 듯 정겹다.

기다림의 미덕으로 항아리만 한 것이 있을까.

마당가나 뒤란 장독대에서 장을 담고 뚜껑이 열리기를 기다린다. 장을 뜨거나 곰팡이가 날까 봐 가끔씩 열어 줄 때, 잠깐 햇볕을 쬐고는 뚜껑이 닫힌 채 침잠한다. 기다림에 비해 짧은 만남의 하늘, 항아리는 비록 땅 위에 놓여 있을망정 고고하게 하늘을 바라보기도, 기다릴 줄도 안다.

자잘한 자갈 위에 놓여져 별 바라기 하고 있는 옹기 사이로 꽃이 활짝 피어 산책하는 이의 발길을 잡아끈다. 반을 자른 항아리에 연꽃이며 부레옥잠을 심어 놓았다. 반쯤 벙그러진 꽃에 취해 향기를 맡다보면 물 위에 개구리밥이 가득 떠 있다. 뿌리까지 버젓이 달고 오종종거리는 아주 작은 생들 사이로 올챙이도 노닌다.

뚜껑이 깨어져 아무것도 담지 못한 항아리가 제 할 일을 다 못하기에 쓸모없다고 느꼈던 시절이 있었다. 비가 갠 어느 날, 빈 항아리 입구에 새들이 앉아서 물을 마시고 있어 달려가 보았다. 가득 담겨

있는 물속에는 하늘이 있고 늘어진 버드나무가 하늘거리고 있었다.

독은 비어있기에 그만큼의 하늘을 담을 수 있다지만 난 무엇을 담을 수 있을지. 비우려고 할수록 온갖 탐욕, 근심은 늘어만 간다. 입구가 넓은 독은 그만큼의 하늘이 있고, 작은 독은 그에 따라 작아지는 하늘이다. 있는 그대로를 보여주는 모습이다. 얼키설키 엉킨 내 마음은 어떤 모습으로 비춰질까. 들여다보는 얼굴에 파문이 인다.

내 마음에 맞는 독은 어떤 크기일까 가늠해 본다. 바닥은 넓지만 입구가 너무 좁아 장을 꺼내기 힘든 옹기는 아닐까. 받기만 하고 베풀지 않고 사는 건 아닌지, 실속도 없이 주둥이만 큰 독처럼 너무 많은 욕심을 부리며 사는 건 아닐까 하는 생각도 해본다.

어깨춤에 힘이 들어가고 가운데가 볼록한 옹기에게서 삶의 깊이를 배운다. 모나지 않게 모든 것을 편견 없이 받아들여 마음의 고향같이 편안함을 느끼는 옹기에 비해, 삶의 더께가 붙으면서 펑퍼짐해진 나는 욕심의 거품 덩어리에 소래기조차 열어보지 못하며 산다.

시할머니가 쓰셨다던 저금통 항아리는 복이 많아서 돈이 담겼던가. 돈을 넣건 꿀을 넣건 간에 좋다 싫다 투정하지 않고 자기의 본분인 양 싸안아 책임을 다하는 항아리, 자식이 밉든 곱든 간에 언제나 한결같은 너그러운 어버이의 사랑과도 같다.

스스로 숨을 쉬면서 담긴 것까지도 살아있게 하는 옹기. 청자나 백자처럼 고고하여 대접받지는 못하지만 독은 우리 어머니들의 손때가 묻어있고 삶의 애환이 담겨있다. 그러기에 올망졸망 옹기가 있는 풍경을 보면 시할머니가 생각나고 인내할 줄 아는 삶의 깊이를 배우게 된다.

마음에 차지 않는다고 투정하며 남의 슬픔에도 아랑곳없이 욕심만 부리던 부끄러운 나의 인생, 항아리의 기다림과 인내심을 본받아 다른 사람들의 아픔과 고통까지도 껴안을 수 있도록 노력하리라.

침묵의 언어로 스스로를 다스리며, 속으로 가득 채우는 인성으로 그저 바라만 보아도 포근한 항아리 같은 사람이 되고 싶다.

아버지의 고무신

뒤뜰과 연결된 한지 문을 여니 연초록 감나무 잎사귀가 시야를 산뜻하게 한다. 신발을 신고 내려서서 하늘을 바라본다. 잎새 사이로 비치는 햇살 조각이 눈부시도록 정겹다.

모처럼 들른 친정집. 아버지가 생존해 계셨으면 돋아나는 대로 뽑아 내셔서 이렇게 풀밭처럼 되진 않았을 텐데, 앞마당과 뒤뜰엔 풀이 무성하게 자라 있어 가슴을 아련하게 한다.

돌 틈으로 돋아난 풀을 조금밖에 뽑지 않았는데 땀이 흐른다. 난 두 손으로 뽑아도 이렇게 힘이 든데, 몸이 불편하시던 아버지는 엉거주춤한 자세를 한 채 한 손으로 뽑으셨다. 뽑고 뽑아도 무한정 자라는 이 풀들처럼, 우리 자식들이 서운하고 매정하게 나 몰라라 할 때도 아버지의 사랑은 항상 변함이 없으셨다.

아버지가 쓰러지셨다는 연락을 받고도 회식 자리까지 끝내고 오빠 집으로 갔었다. 빈혈이나 햇볕을 많이 받아 잠깐 쓰러지는 것만 생각하던 내게 아버지는 식물인간이나 다름없이 눈만 깜빡거리며 누워 계셨다.

서울에 있는 병원에 입원하여 어머니의 정성 어린 간호를 받으며 절룩거리는 몸으로 내려오신 뒤 침을 잘 놓는 곳이 있다면 어디든지 모시고 다녔다. 쓰러지신 지 일 년 뒤에는 말씀은 어눌하게 하고 오른쪽은 못쓴 채 모든 일을 왼손으로 하시게 되었다.

시골화장실이 불편하여 신혼시절 우리 집에 머문 적이 있으시다. 생선도 징그럽다며 요리하기를 꺼려하던 나였었다. 중풍에는 개고기가 좋다고 하여 사다가 삶는데 다리가 어찌나 긴지 찜통 바깥으로 자꾸만 나오는 개다리를 돌리고 돌려 삶아 아버지께 드리곤 하였다.

그러나 시간이 지날수록 바쁘다는 핑계로 자주 찾아뵙지 못하고 어쩌다가 들러도 굳어 있는 아버지의 손을 덥석 잡아 드리지도 않았다.

돌 틈의 풀을 다 뽑고 화단으로 올라서기 전 댓돌 위에 앉아서 잠시 쉰다. 땀을 닦으며 문득 바라본 굴뚝 옆에 지팡이가 서 있고 밑에는 고무신 한 켤레가 보인다. 주인 잃은 지팡이와 고무신에는 뽀얗게 먼지가 서려 있다. 칠 년여를 중풍으로 고생하시다가 또 다시 쓰러지셔서 돌아가셨다. 유품을 정리할 때 빠뜨린 모양이다.

반쪽을 못 쓰시니 오른발이 무감각인데다가 부었다. 구두는 엄두도 못 내고 운동화를 신으셨는데 신기도 불편하실 뿐더러 하루 종일 걸어 다니시는 터에 고무신으로 바꿔었다. 처음에는 하얀 고무신이었던 것이 때가 잘 탄다는 이유로 청색의 고무신으로 바뀐 뒤 외출하실 때만 하얀 고무신을 신으셨다. 그러니 건강한 몸으로 외출할 때 신으셨던 구두 한 켤레는 신발장에 고이 모셔져 바깥 구경할 일이 없었다.

아버지는 고무신을 신고 지팡이에 의지하신 채 절룩거리며 아랫마을까지 다녀오는 것이 하루 일과였다. 그날 저녁 밥상에서는 어머니에게 누구네 벼에는 병이 들어 약을 쳐야 되겠고, 누구네 밭의 고추가 실하게 달려 있고, 사촌 집에 담배 순을 쳐야 되겠다며 어눌하게 말씀하시면 우리는 잘 못 알아들어도 어머니는 알아들으시고 오순도순 말씀을 나누셨다. 부부간의 살가운 정이 새록새록 느껴지던 그 모습이 그리워서 콧등이 시큰거린다.

당신의 평생 생활 터전이었던 논과 밭을 보며 아버지는 무슨 생각을 하셨을까? 오로지 자식 잘 가르쳐 보겠다면서 두 손 걷어붙이고 열심히 일하던 몸 건강하실 때의 모습을 회상하고 계셨던 건 아닌지.

주말을 이용하여 고추를 딸 때면 한 손으로라도 거들던 아버지. 길에 쓰레기가 떨어져 있으면 줍고 가로등을 시간 맞춰 켜고 끄는 것은 물론 동네 회관이며 우리 집 안방까지 한 손으로 걸레를 든 채 닦고 또 닦으셨다.

갑자기 소낙비가 쏟아지면 어머니는 보던 드라마를 계속 보셔도 아버지가 비설거지를 하셨다. 행여 자식들이 온다는 연락이 있으면 방마다 보일러 켜고 끄는 것도 아버지 몫이었으니 아버지 돌아가셨을 때, 내가 방에 불 조절을 잘못하여 더운 방은 너무 덥고 다른 방은 냉방에서 떨기까지 했다.

고무신을 가만히 가슴에 안아 본다. 지금이라도 이 고무신을 신고 지팡이를 짚은 채 활짝 웃으며 대문을 들어서실 것 같은데, 하회탈 같은 미소는 어디 가고 뒤뜰에 핀 함박꽃만 눈에 들어온다.

뒤뜰의 돌담이 담쟁이 넝쿨로 덮이고 함박꽃이 활짝 필 때면 감나무 옆의 부추는 제법 자라 있었다. 부추를 자르고 애호박을 넣어 부침개를 부쳐 드리면 맛있다는 표시로 웃어 주시며 잡수시곤 하였는데……. 주인 잃은 부추만 한 뼘이나 웃자라 있다.

고무신을 들고 수돗가로 향한다. 대야 속에 잠긴 고무신을 보니 아버지의 발을 씻겨 드릴 때가 생각이 나서 눈시울이 적셔진다. 그동안 힘든 농사일의 훈장이라도 되는 듯 양쪽 발바닥엔 뚝살이 박여 있었다. 힘줄도 보이고 감각이 있는 왼발에 비해 오른발은 약간 휘어진 듯하면서도 많이 부어 있어서 씻겨 드리기가 힘이 들었었다.

아버지의 발이라도 씻겨 드리는 듯 수세미는 제쳐 두고 손으로 고무신을 정성스럽게 닦는다. 비누칠을 한 다음 여러 번 헹구어 댓돌 위에 세워 놓았다. 어렸을 때 어둑해지면 지게 지고 대문을 들어서던 아버지는 샘물을 퍼 올려 바짓단 걷어 올리고 씻으신 후 검정 고무신에 들어간 물 빠지라고 댓돌 위에 세워 놓곤 하셨는데…….

그러고 보면 아버지의 발에는 고무신이 신겨 있을 때가 많았다. 요즘 흔한 슬리퍼도 일할 때 거추장스러우니까 아예 신지를 못하고 검정 고무신에서 시작하여 청색, 하얀색만 신다가 가시는 저승길에도 하얀 고무신이 놓여 있었다.

아버지의 체취가 오롯이 남아있는 고무신을 마른 수건으로 물기를 닦아 신발장에 모셔 두었다. 앞으로 친정집에 들를 때마다 아버지를 보듯 꺼내어 닦아 두어야겠다. 고무신을 신고 대문을 들어서며 환하게 웃으시던 모습 또한 그리면서…….

아버지의 고무신을 가슴에 품고 산다.

구절초

시골길을 사이에 두고 집 뒤에 있는 소나무 숲길을 걸어본다. 솔잎 사이로 조각조각 부서져 내리는 햇살, 아이들의 얼굴에도 웃음꽃이 피었다.

바위 위에 걸터앉아 가을의 흥취에 젖어본다. 다람쥐가 물고 가다 놓쳤는지 산길에서 주워서 깨물던 토종밤, 그 속껍질의 떫은맛이 입안 가득 느껴지고 생밤의 아삭이는 소리가 들리는 듯하다.

이층 창문에서 뒷산을 바라볼 때는 소나무와 갈참나무만 보였는데 산에 들어와 보니 나무 사이로 꽃이 피어있다. 자그마한 흰 꽃을 여러 송이 달고 피어있는 참취꽃, 황색 꽃의 마타리, 하얀 구름 조각들이 내려앉은 듯 청아하게 피어있는 구절초도 보인다.

꽃이 피기 전까지는 자세히 살펴보지 않으면 무심히 지나칠 뻔한 식물이다. 그런데 이런 꽃들도 이름이 있고 꽃을 피워서 제각기 그

멋을 지니고 있다. 누가 보아주지 않아도 때가 되니 스스로 살아있는 몫을 하는데 난 그동안 무엇을 하였던가. 한 집안에 둥지를 튼 지 십 년 만에야 이렇게 아이들과 함께할 수 있으니.

우리네 인생은 한번밖에 살 수 없다. 식물처럼 봄이 와도 다시 태어날 수 없고 한번 지나가 버린 세월은 돌이킬 수 없다. 연습이 없는 인생. 지금까지의 삶을 한낱 연습으로 돌릴 수 있다면 얼마나 좋을까. 내가 만약 시간을 되돌릴 수만 있다면 초야를 치르던 날부터 아이를 갖기 위해 몸가짐을 바로 하였을 터이다. 시간이 지나 아기가 생기면 별 탈 없이 낳을 것이라는 내 무지 때문에 많은 세월을 돌아와야만 했다.

임신만 했다 하면 잘못되는 딸을 위해 친정어머니는 정화수를 떠놓고 날마다 비셨다. 이른 새벽 첫 우물물을 길어다가 부뚜막에 놓아 조왕신께 올리고 달빛이 환한 밤이면 장독대에서 비셨다. 유산기가 있다는 전화라도 받으면 한걸음에 달려오셔서 당신 손가락에 끼고 있던 은가락지를 삶아 건네주시던 어머니. 인연이 아닌 아기를 떠나 보낼 때마다 가슴 찢어지는 아픔에 모진 소리만 해대는 딸의 투정을 다 받아주시며 정성껏 돌봐 주셨다.

구절초 위에 가을 햇살이 살포시 내려앉았다. 조선시대 여인으로 태어났다면 칠거지악에 걸려 소박맞았을 딸을 위해 친정어머니는 구절초를 달여 오셨었다. 검정색에 가까운 진한 갈색의 너무나 쓴 물을 마시며 고향의 뒷산이 그려졌었다. 구절초를 찾아 이산 저산을 헤매셨을 어머니. 자식을 향한 애틋한 정에 따스한 햇살이 어머니의 등을 비추었을까. 딸 이전에 같은 여인으로서 인고의 길에 들어서는 동질의 애잔함과 자식의 허물이 당신의 잘못인 양 참회하는 마음으로 구절초를 달이고 달였으리라.

돌 틈이나 척박한 땅에서도 하얗게 피어난 구절초를 보면 어머니처럼 연약하면서도 강인한 삶을 보게 된다. 그러면서 내가 지금 아이들과 함께할 수 있는 것이 구절초를 달여 주신 어머니의 정성 덕분이라는 생각이 든다.

구절초를 한 송이 꺾어본다. 모양이나 빛깔이 화려하지 않고 담담하다. 내게 있어 이 꽃 한 송이는 고귀한 생명체이며 작은 우주다. 구절초를 달여 먹고 태어난 내 아이들이며 십여 년을 묵묵히 기다려 준 시부모님과 남편, 항상 노심초사하신 친정어머니로 엮어진 사랑의 울타리이다.

여린 풀빛 잎새에 하얀색의 구절초가 활짝 필 때면 가을도 무르익는다. 가을이 되면 여러 빛깔로 활짝 피어있는 들국화 중에서 구절초에 관심이 많다.

일 년에 사계절이 오고 가지만 나는 활짝 핀 구절초를 보면 내 인생을 느낀다. 인생을 계절에 비교하면 가을의 문턱에 와 있을 지금의 내 나이. 그동안 뿌려 놓은 것을 한 올 한 올 거두어들일 채비를 할 나이인데. 난 이루어 놓은 것이 아무것도 없다. 오로지 아이만을 갖기 위해서 십수 년을 다니던 직장을 그만두고 이사까지 하였다. 앞으로 무엇을 해야 할 것인가도 아직 정해지지 않은 막막한 상태에서 아이들의 해맑은 웃음과 재롱을 보는 재미로 살고 있다. 비록 주머니에는 동전 몇 닢 달랑거릴지라도 아들딸만 옆에 있으면 세상 부러울 게 없다.

시드는 꽃은 애처롭지만 피어나는 꽃은 어여쁘다. 흐름을 멈추어 본 적 없는 세월은 피어나고 시드는 꽃들 사이로 잠시도 머무르는 법 없이 가고 있다. 속절없이 흐르는 세월 따라 우리의 인생도 흘러가는 것이다.

저 활짝 핀 구절초도 때가 되면 지겠지. 새잎이 돋아나고 꽃을 피우고 씨앗이 여물어 다시 땅에 떨어지는 자연의 오묘한 순환. 꽃이 진다고 바람을 원망할까 세월을 탓할까. 스스로 할 일을 다하고 흙으로 돌아가는 것을. 본래의 참모습으로 회귀하는 것이다. 새 생명을 잉태한 꽃씨들은 어둑한 흙속에 묻혀서 껍질 부서져 내리는 아픔을 참으며 다시 태어날 봄을 기다릴 테다.

다른 식물들처럼 구절초의 꽃대도 흙속에 뿌리를 내리고 있다. 흙은 생명의 근본이다. 식물이 목마르지 않게 수분도 공급해주고 뿌리가 잘 뻗어나갈 수 있도록 도와준다. 뿌리는 흙을 의지해서 햇볕을 받아들이고 생장점에서 영양분을 충분히 공급받아 식물이 잘 자랄 수 있게 한다.

꽃보다도 더 아름다운 내 아이들에게 난 무엇을 해 줄 수 있을까. 마음껏 자라나고 꿈을 펼쳐나갈 수 있도록 디딤돌이 되어야 할 텐데.

삶의 뿌리를 든든한 대지에 내려 꽃을 피우는 식물처럼 내 아들딸이 활짝 꽃을 피우고 튼실한 씨앗 맺도록 보드라운 흙이 되고 싶다.

흙길에 담긴 내 마음

산자락에서 마타리가 하늘거린다. 초록빛 소나무 사이로 노란색 꽃이 바람에 일렁이는 모습이 보기 좋다.

산길 초입에 피어난 마타리만 눈에 새겨 두고 들길로 나선다. 아이들은 들길로 들어서자마자 신발을 벗어들고 돌멩이가 많은 울퉁불퉁한 길을 잘도 걷는다. 강아지풀을 뽑아들고 걷다가 앞질러 뛰어가는 아이들. 조금만 더 가면 항상 놀던 흙길이다.

비가 올 때 씻겨 내려간 모습대로 위에는 주로 모래가 있고 내려갈수록 아주 보드라운 흙이 많은 길이다. 발바닥에 모래가 닿을 때면 지압하듯 시원한 느낌이고 발가락 사이를 비집고 올라오는 부드러운 흙의 느낌은 너무 좋다.

모래가 많은 윗길에 탈싹 앉아서 두꺼비집 짓기를 하는 아이들. 한쪽 손 위에 모래를 듬뿍 얹어 놓고는 다른 손으로 두드리면서 내게 노래를 불러 달라고 한다. "두껍아 두껍아 헌집 줄게 새집 다오." 노랫소리에 맞추어 손등을 두드리다가 손을 빼면 스르르 무너지는 두꺼비집. 집이 무너져도 아이들은 까르르 웃는다.

두꺼비집 짓기를 애들에게 처음 가르쳐 줄 때 노랫말이 끝까지 떠오르지 않아서 자료를 찾아보았었다. 옴두꺼비라고 불리는 독을 가진 두꺼비가 있단다. 평소에는 무서워서 독사를 피해 다녀도 알을 품게 되면 독사를 찾아가 독을 뿜어 대며 있는 힘을 다해서 싸운다고 한다. 결국은 독사에게 잡아먹히는데 남겨 둔 독을 독사 뱃속에서 쏘아 독사도 죽게 한단다. 뱃속의 알들은 엄마 옴두꺼비와 독사를 먹이로 건강한 새끼로 태어난다고 하는데, 노랫말 속에서 헌집은 자식을 위해 자기 몸을 희생하는 어머니를 말하고 새집은 자식을 뜻한다고 한다. 노래나 불러주고 있는 나는 자식들에게 무엇을 줄 수 있을까.

아이들과 재미있게 놀다가도 가끔 마음이 허전할 때가 있다. 돈 잘 버는 남편을 만나 호사를 누리고 있을 친구와 비교를 하고, 직장 다니면서 여유 있게 살던 예전의 나와 시골에 파묻혀 아이들을 키우고 있는 지금의 모습을 비교하기도 한다. 남들 인생은 좀 더 나아지고 있는데 나만 홀로 뒤처지고 있다는 느낌이 들 때도 있다. 그럴 때 아이들을 데리고 흙먼지 폴폴 날리는 들길에 와서 논다. 흙길에서 맨발로 놀다 보면 땅에서 올라오는 기운이 느껴져 내 마음의 부질없는 생각과 허튼 욕심을 다스릴 수 있게 된다.

남과 나를 비교하고 지난날을 그리워하는 것은 지었다 손을 빼면 바로 무너지는 두꺼비집에 불과할지도 모른다.

보드라운 흙이 많은 길로 내려왔다. 흙을 한 손 가득 잡아본다. 손가락 사이로 빠져 나가는 느낌이 좋다. 스르륵 땅으로 떨어지는 흙처럼 물질이나 권력은 움켜쥐려고 하면 할수록 허망하게 빠져나가는 것이 인간사인지도 모르겠다.

커다란 바위에서 세월의 무게에 부대끼며 돌멩이가 되고 모래가 되어 흙이 되는 억겁의 세월. 그 긴 세월 속에 우리 인간들이 살다 가는 백년인생은 찰나에 불과한 것은 아닌지. 잠깐의 인간사에 서로 잘살고, 성공하겠다고, 부귀영화를 누리겠다고 아옹다옹 살아간다.

저 멀리서 기적소리가 들리자 의미 있는 미소를 던지는 아이들. 그래 잠깐 살다 갈 인생 찌푸리면서 살면 뭐하겠는가. "기찻길 옆 오막살이 우리 병수 잘도 잔다." 노래 부르며 걷는 내 바지를 딸이 잡고 동생인 아들이 뒤를 따른다. 길가에 피어 있는 꽃들도 덩달아 신났다. 연한 보랏빛이 도는 분홍색 무릇, 초록색 잎새 사이로 작은 꽃을 피운 차풀, 아주 작은 솔방울 같은 오이풀까지 춤을 추는 듯 살랑인다.

맨발로 흙을 밟는 감촉, 이 느낌을 어느 놀이에 비할까. 흙을 가까이하는 것이야말로 땅의 기운을 받아들이고 살아 있음을 느끼는 일이리라. 흙길에서 맨발로 놀아서 그런지 밭에 고추 따러 가자 하면 바구니 들고 맨발로 따라나서는 아이들.

맨발로 땅을 밟고 흙 위에서 뒹굴며 노는 촌아이들이다. 뽀얀 얼굴에 깨끗한 옷을 입고 장난감 가지고 노는 도시의 아이들과는 다르다.

밖으로 나갈 때만 옷을 입으려고 드는 아이들이라서 집안에서는 발가벗고 있다. 그러다가 누군가가 현관문을 열면 알몸에 맨발로 쪼

르르 뛰어나간다. 창고에 쌓아 놓은 철제빔이며 풀로 덮인 둑 어느 곳 가리지 않고 오르내리며 논다. 그래서 아이들 몸은 지워지지 않는 기름때와 풀물 등으로 깨끗할 때가 없다. 비가 와서 창고 곳곳에 물웅덩이가 생기면 첨벙거리며 놀다가 흙탕물도 가리지 않고 개구리헤엄을 치기도 한다.

우리 집에 와서 애들 노는 것을 본 사람은 “어쩌면 옛날 방식으로 아이들을 키우네.” 하며 신기해한다. 그러나 더럽다고 하는 이는 웃으면서 바라만 보고 있는 나를 보고도 혀를 쯧쯧 찬다.

간혹 내가 게을러서 아이들을 너무 방치하는 것이 아닌가 하는 생각도 든다. 그러나 모든 생명의 근원은 땅이고, 땅을 딛고 흙을 가까이해야 건강하다고 믿기에 그냥 놀게 둔다. 흙길에서 흙먼지 폴폴 뒤집어쓰고 풀에 스치고 돌멩이에 무릎이 깨져 온몸이 상처투성이일지라도 내 아이들이 자연과 어우러져 살았으면 싶다.

흙이 모난 마음을 다스려 주어서 그러한가. 자연과 벗 삼아 흙을 일구고 사는 이들은 순박하다. 남을 속이려고 들지도 않고 타인을 배려할 줄도 안다.

내 자식이 도시의 아이들에 비해 얼굴도 새카맣고 차림새도 볼품없지만 자연스럽게 키우고 싶다. 가지 치고 농약 쳐서 크고 튼실하게 가꾸어 시장에 내놓은 배보다, 산에서 비도 맞고 햇빛도 받아가며 자연과 더불어 자란 돌배처럼 키우고 싶은 것이다. 가끔 바람도 머물다 가고 산새도 앉아 쉬었다 가면 더욱 좋겠다. 처음에야 튼실한 배가 눈에 띄겠지만 조금만 지나면 돌배의 진면목을 알 수 있을 테니까.

아이들이 좀 더 커서 학교에 다니어 또래들과 같이 지내다 보면 내 생각이 바뀔지도 모른다. 학원을 보내고 과외를 해서라도 일등을 해야 되고 남들보다 무엇이든 잘해야 되는 현실과 타협할지도 모른다. 그렇더라도 항상 이 흙길만은 잊고 싶지 않다. 삶의 모태이기에…….

산마루에 걸린 해, 서쪽하늘이 붉게 물들어 있다. 이제 집으로 돌아가야 할 시간이다.

신발을 손에 들고 둘러보니 흙길에는 정겨운 흔적들이 있다. 발가락이 앙증스럽게 파인 맨발의 발자국마다 아이들이 흙과 교감을 나누었을 밀어들이 옹송거리고 있다. 발자국 지워질까 길가에 비켜서서 내가 걸어온 길을 되짚어 보았다. 손으로 흙을 덮어 지우듯 얼룩진 삶의 흔적들을 모두 지울 수 있으면 얼마나 좋을까.

흙탕물을 물로 씻어 내고 자국을 쓸어 내듯, 지금까지 살아오면서 얼룩진 흔적들은 지울 수 없는 것이 우리들 인생이다. 그래서 내 아이들에게는 후회 없는 삶을 살게 하고 싶다. 자신이 밟아 온 발자국을 부끄럽게 여기지 않고 드러낼 수 있는 떳떳한 삶이었으면 한다.

흙은 얼룩조차 품어 안아 다독이는 어머니의 품이다. 살아있는 생명체가 숨을 쉬는 보금자리이다. 옴두꺼비처럼 자식을 위해 몸을 던지는 어미는 못되더라도 내 아이들이 생명의 근원인 흙과 가까이 하도록 하고 싶다. 발밑에 흙을 밟음으로써 건강하게 자랄 수 있고 심성 또한 바르다고 믿기 때문이다. 그래서 자주 흙길을 찾는다.

흙길에 와서 노는 엄마의 마음을 아이들은 알까. 흙길에 새겨진 아이들 발자국 위로 내 마음 오롯이 담겨 있다.

잎새달

조팝나무꽃이 바람에 흔들거린다. 건들건들 악수를 청하는 것 같아 꽃을 잡자 마음은 어느새 하얀 꽃물이 든다. 꽃을 바라보면 꽃마음이 된다더니 바라볼수록 정겹다.

물오른 산 연둣빛이 하도 고와 산모롱이를 이끌려왔다. 들숨과 날숨 사이에 봄이 충만하다.

차가운 바람이 불 때면 생명체라고는 없는 것 같더니 따뜻한 봄은 어김없이 와서 대지를 살려낸다. 온갖 미물들이 술렁대고 꽃들의 잔치가 벌어지는 곳에서 산나물이나 뜯으려고 왔는데 튼실한 고사리가 듬성듬성 눈에 띈다. 뚝 꺾어들자 무르팍 부러지는 소리.

산비알을 오르내리며 고사리를 꺾다보니 등줄기에 땀이 흥건하다. 고사리가 보이는 데로 산등성이를 오르고 내려가고, 또 다시 오르고를 반복한다. 우리네 삶도 이렇지 않을까. 힘겨운 고비를 넘기며 오르다 보면 어느덧 원점으로 돌아가고, 또 다른 고난이 가로막지만 이겨내고 다시 오르는……. 힘들고 지칠지라도 주어진 삶에 최선을 다하다보면 어느새 묵직해진 고사리처럼 분명 이루어놓은 것은 있을 것이다.

식물이나 사람이나 번식은 아주 중요하다. 꽃을 피워야 열매를 맺고, 결혼을 해야 자식을 얻을 수 있으니까. 고사리는 꽃을 피우지 않는데도 잎 뒷면에 있는 열매처럼 보이는 붉은색의 둥근 포자로 번식한다고 하니 내 모습 같아서 다시 한 번 보게 된다.

고사리가 포자로 번식했다면 나는 시험관이라는 매체를 통했다. 정자와 난자를 체외에서 수정시킨 수정란으로 자식을 낳았다. 누구보다도 생명의 귀함을 체험했다.

물오른 나무들이 저마다 잎 돋는다는 잎새달. 온통 봄빛이다.

막사발

선이 자유자재로 그려져 있는 사발 두 개를 딸아이가 가지고 왔다.

단아하고 은근한 때깔이 눈길을 끈다. 물레 앞에서 혼신을 다했을 도공의 손놀림이 그릇 속에 묻어왔다.

아이들이 다니는 어린이집에서 김장하는 것을 도와주었었다. 고맙다고 보내온 모양인데 아이들은 무엇이든 그 사발에 담아달라고 한다.

매일 사용하는 그릇은 그 성질에 따라 사용하는 사람의 심성에 영향을 주지 않을까. 인공조미료는 되도록이면 넣지 않고 인스턴트보다는 직접 요리를 해주면서 가족들 건강은 챙겼지만 음식이 담기는 그릇에는 별로 신경을 쓰지 않았다는 것을 깨달았다.

커다란 함지박, 밥과 국, 찬이 담기는 그릇에서부터 앙증맞은 찻잔까지 다양한 종류의 그릇들. 요즘은 생활 속의 예술품이라고 할 수 있다. 딸아이가 들고 온 사발만 하더라도 둥그런 모양새에 얇은 굽, 허리께도 적당히 불러있다.

그릇 속에는 그릇을 빚었을 도공의 숨결이 들어있다. 그릇을 만드는 사람이 곧 쓰는 사람이라고 믿는 장인의 정직한 손끝에서 태어났다. 수수한 인상의 도예가 성품이 담겨있는 듯 은근한 빛깔의 사발에는 서민들의 질박한 이야기가, 가마솥에서 금방 푼 따끈따끈한 밥이 담겨있어야 어울릴 듯하다.

자기 먹을 밥그릇은 다 갖고 태어난다는 말이 있다. 내 밥그릇이 그런 건지 아니면 주어진 운명 때문인지는 몰라도 결혼해서 오랜 기간을 자식이 없어서 애를 태웠다. 그러다가 느지막이 쌍둥이가 태어나고부터는 친정집에 얹혀살고 있다. 살림살이 둘 곳이 마땅찮아서 우리 집 세간은 다른 곳에 있으니 그릇이라고는 어머니께서 쓰시던 것이라서 던져도 깨지지 않는 놋그릇과 조형미는 찾아볼 수 없는 사발뿐이었다. 그러니 한창 예쁜 것을 찾는 아이들이 화려하지는 않지만 질감 있고 조형미 있는 사발에 호기심이 이는 건 당연한 일이리라.

값비싼 그릇 세트를 살 형편도 못 된다. 궁리 끝에 수줍은 듯 보라색 붓꽃이 그려진 소박하고 정감 있는 그릇 두 개를 아이들 몫으로 샀다. 같은 음식이라도 담는 용기에 따라 달라 보인다. 국이라도 담아서 놓으면 붓꽃 향기가 국물에 스민 듯 더 맛있다.

그릇으로 친다면 나는 어떤 모양일까. 내가 좋아하는 아담한 찻잔도 아니고 고운 빛깔의 와인이 담기는 투명한 크리스털 잔도 아니다. 어디서나 흔히 볼 수 있는 막사발이나 될까. 막사발도 본래의 때깔을 잃어버린 지 오래이다.

아이들이 있기 전에는 문양이 있고 기품 있는 귀족취향의 고급 찻잔이 되고 싶었다. 막사발보다는 명품자기가 되기를 바랐다. 하지만 자식을 낳기 위해 직장을 그만두고 나서는 어떤 크기이건 간에 모든 걸 담을 수 있고 어디서나 어울릴 수 있는 그릇이 되어야 엄마다운 것이었다.

엄마란 위치는 결코 쉬운 자리가 아니다. 뜨거운 솥단지에서 곰탕을 만들 듯 단련되어야 한다. 꽉 찬 알갱이처럼 완전한 엄마가 못될지라도 쭉정이 날려 보내는 키질에서도 버텨야 하는 자리 아니던가.

하지만 매번 부족함을 절절히 느끼며 살아가고 있다. 진국인가 하고 곰솥 뚜껑을 열어보면 냄새가 나거나 설끓이기도 했다. 지나고 보면 쭉정이 속에 알맹이도 섞여나가 후회하기도 한다.

사람의 인품과 인성을 그릇으로 표현하기도 한다.

한 나무에서 핀 꽃인데도 열매를 맺으면 제각각이듯 뱃속에서 똑같이 있다가 일분 차이로 태어난 쌍둥이라도 성격이 다르다. 그림을 그리는 것만 보아도 금방 알 수 있다. 주저하지 않고 대담하게 쭉쭉 그린 다음 대충 색칠하는 딸아이는 외향적이고 대담하다. 스케치북을 앞에 놓고 머릿속으로 구도를 잡은 다음 꼼꼼하게 밑그림을 그린 후에야 색깔을 입히는 아들은 차분하고 감성적인 편이다.

성격도 다르고 취향도 다른 아이들에게 똑같은 결과를 기대한다는 것은 무리이리라. 그릇이 커야 많이 담을 수 있어 큰 동량이 된다고 하는데 자식에 대한 욕심이 지나치지 않고 아이들 능력에 맞는 만큼만 기대하기를 소망해 본다.

그래도 어미로서 바라는 바가 있다면 순도 높은 백색의 자기보다는 가장 흔한 재료로 쉽게 만들 수 있는 막사발 같은 그릇이었으면 한다. 거기다 한 가지 욕심을 보탠다면 정교한 기법과 다양한 색채가 있어서 어디에서나 어울린다면 무엇을 바랄까.

노란색 국화꽃을 꺾어들고 선물이라고 내미는 딸. 된서리가 내린 스산한 겨울날씨에 아직 시들지 않은 꽃이 있다니, 사발에 꽂아서 장식장 위에 놓았다. 진한 국화 향기가 방안을 감돈다.

막사발은 이래서 좋다. 밥이나 국도 담을 수 있지만 꽃을 담고 있어도 어울린다. 농부같이 투박하고 소박한 사발은 막걸리를 담아서 마시면 서민의 그릇이 되고 이도다완처럼 문화적 국가의 자긍심을 보여주는 자기瓷器도 된다. 이도다완*이라 불리며 보물로 대접받는 조선시대 찻사발처럼, 평범하고 수수하지만 품위 있는 사람으로 아이들을 키우고 싶다.

---

* 이도다완: 임진왜란 당시 일본으로 건너간 것으로 알려진 조선시대의 찻사발 일본인들이 이도다완이라 부르며 보물로 대접하고 있다.

내 마음의 향기

찻잔을 들고 볕 좋은 창가에 앉는다.

햇살이 어둠을 밀어내면 지난밤에 흐트러졌던 삶의 흔적들을 말끔히 치우고 차 한 잔 마시는 이 시간이 좋다. 내 손끝에 정갈해진 집안에서 청소할 때 틀어놓은 라디오의 볼륨을 줄이고 비스킷이나 빵 한 조각을 차와 함께 할 수 있는 잠깐의 여유로움이 더없이 소중하다.

커피는 한 모금 넘기는 맛보다 향이 좋다. 갓 구워낸 빵에서 나는 빵의 냄새와 커피의 향은 사람들을 기분 좋게 한다. 그래서 향기로 마케팅을 하는 곳에서는 일부러 빵과 커피의 향을 내보낸다고 하지 않던가.

집안에 향기로운 냄새가 퍼지면 방에서 비디오를 보던 아이들이 웃으면서 뛰어나온다. 커피 맛이라도 보려고 티스푼에 묻은 한두 방울 빨아대며 무언의 눈길을 보내면 난 아이들에게 빵을 갖다 준다. 종류별로 다양한 빵을 아이들에게 사다 주다 보면 내 어린 시절이 생각나서 풋풋한 웃음이 나오곤 한다.

먹고살기도 바빴던 시절이니 지금처럼 팥소가 들어가고 맛을 가미한 빵은 구경하기도 힘들었다. 초등학교 시절에 도시락을 싸오지 못할 정도로 극빈한 아이들에게 주는 노란 빵이 있었다. 옥수수 가루로 만든 그 빵이 얼마나 먹고 싶었는지 아랫집 언니에게 보리밥으로 싼 내 도시락을 주고 바꾸어 먹었다. 노란 빵은 어머니가 만들어 주시던 개떡에 비해 색다른 맛이어서 아주 조금씩 베어가며 아껴 먹었었다.

내가 빵을 처음 만들어본 것은 중학교 때다. 어머니는 개떡이라고 하였는데 떡보다는 빵에 가깝지 않았나 싶다. 학교가 파하고 십 리 길을 걸어 집으로 오면 해는 산마루에 걸려 있는데 밭일 나간 부모님은 소식이 없다. 그러면 자배기에 보리쌀을 빡빡 씻어서 불을 때어 한번 끓인 다음, 일부는 대나무 조리로 소쿠리에 건져 놓는다. 남은 보리쌀 위에 쌀 한 움큼을 씻어서 넣고 어머니가 가끔 하시던 대로 사립문 옆에 돌담 위로 기어 올라온 호박잎을 밥 위에 깐다. 밀가루에 소금을 넣어 개어두었던 반죽을 호박잎 위에 평평하게 깔고 불을 때면 밥이 되면서 나만의 빵도 익어갔다.

보리밥이 뜸들 시간을 기다렸다가 솥뚜껑을 열면 가마솥에선 김이 모락모락 나고 부엌에는 빵 냄새가 시나브로 번진다. 따끈따끈한 빵을 집어 들고 누가 볼세라 뒤꼍으로 갔다. 감나무 아래 장독대에 앉아 가끔 부엌문과 일직선으로 연결된 사립문으로 누가 오나 살펴

보며 먹던 빵 맛은 그야말로 환상적이었다. 빵 밑에 깔았던 호박잎을 소죽 쑤는 솥에 넣고는 아무 일 없었다는 듯 시침 떼곤 하였는데 어머니는 그때 눈치채고 계셨을까. 보리밥에서 풍기던 빵의 냄새를, 호박잎에 물든 밥알에서……. "우리 딸 다 컸네, 이제 저녁밥도 지어 놓고." 하시며 머리를 쓰다듬어 주시던 어머니는 알고 계시면서도 딸만의 비밀을 지켜 주셨으리라.

언젠가 이웃집에서 동부를 가지고 왔기에 개떡을 만들어 보았다. 밀가루에 소금과 동부를 섞고 찜통에다 예전의 호박잎 대신 면 보자기를 깔고 얇게 펴서 쪄냈더니 색다른 맛이 났다. 제일 많이 집어먹던 남편은 또 먹고 싶은지 누구네 집에서 콩 안 가지고 왔느냐며 콩 타령이다.

입맛이 달라서인지 몇 입 베어 물더니 먹지 않던 아이들. 달걀 버터 우유를 넣은 반죽에다 달콤한 내용물이 들어가는 단과자까지, 부드럽고 달콤한 빵 맛에 맛들인 아이들에게 달랑 밀가루로만 만든 빵이 입맛에 맞겠는가. 어릴 적 입맛에 맞는 막빵을 향수에 젖어 남편과 내가 먹었듯 흐르는 세월 따라 빵 맛도 입맛에 맞게 변했음이라.

세월의 흐름 속에 삶의 질은 향상되고 의식주 또한 변화하기 마련이다. 산촌에서 빵집이 있는지조차 모르고 그저 어머님이나 내가 만든 빵만이 전부인 양 살아온 시절은 지나고 이제 빵도 브랜드 시대가 되었다. 빵의 종류만 해도 다양하다.

우리가 그려나가는 인생사가 저마다 다르듯 빵의 모양도 만드는 이의 손길에 따라 모양이 다르다.

기다란 바게트를 보면 인생을 함께 살아갈 남편 같다는 생각이 든다. 대하는 모습은 무뚝뚝하고 퉁명스럽지만 속마음은 여리고 깊다. 마치 겉은 딱딱하지만 속은 폭신하고 쫄깃한 바게트 같다.

식빵을 사람으로 비유하자면 때 묻지 않은 순수한 내 아이들 같다. 그런 식빵은 주로 토스트를 해 먹고 가끔 샌드위치도 만들어 먹는다.

돌계단처럼 정성들여 하나하나 쌓은 파이를 보면 왠지 어깨가 무거워진다. 아이들이 편하고 안전하게 세상을 향해 한 발 한 발 내딛도록 올바르게 교육 시키고 키워야 할 숙제다. 우리 부부가 숙제를 잘해서 아이들이 입안에서 살살 녹는 파이처럼 탈 없이 세상살이에 적응했으면 하는 바람이다.

아삭한 쿠키처럼 아이들이 아기자기한 면도 있었으면 한다. 숫자에 연연하며 사는 것보다 키 작은 풀꽃의 소중함을 알고 자연의 아름다움을 느낄 줄 아는 참된 마음을 가졌으면 한다.

우리 집에는 빵의 향기가 풍기면서 행복이 시작되었다고 해도 과언이 아니다. 힘든 좌절과 고통의 늪을 지나고 오랜만에 얻은 자식, 그 아이들을 키우며 사는 맛을 느끼는 요즘이다.

공들여 얻은 자식인 만큼 거는 기대도 크다. 기다란 바게트처럼 건강하게 오래 살았으면 좋겠다. 둥근 소보루나 크림빵처럼 모나지 않고, 케이크처럼 부드럽고 달콤하며, 아름다웠으면 싶다.

부족한 것이 많은 내가 내 아이들에게 사랑이라는 열매를 주고 싶다. 좀 더 욕심을 부린다면 기분을 좋게 해 준다는 빵과 커피의 향기를 전해 주고도 싶다.

어느새 찻잔의 온기마저 식은 지 오래지만 아이들에게 잘해 주고픈 내 마음의 향기는 오롯이 남아있다.

아오리와 쌍둥이

햇볕 따사로운 봄날 과수원은 온통 꽃밭이었다. 연분홍빛 꽃봉오리가 꽃잎을 활짝 열면 사과 꽃은 하얀색이 된다. 하얗게 만발한 사과나무, 눈꽃송이 되어 떨어진 꽃과 꽃다지, 냉이꽃이 지천으로 깔려있는 과수원에서 함박웃음 날리며 뛰어노는 아이들을 바라보고 있으면 영화의 한 장면인 듯 황홀했었다.

꽃이 진 자리에 열매가 주렁주렁 달렸을 때, 아이들과 과수원까지 걸어서 가보면 대여섯 개 달린 열매 중에 제일 좋은 것만 남기고 나머지는 솎아내고 있었다. 고품질 사과를 만들기 위해 적과를 하는 것이다. 크고 튼실한 사과를 위해서 가위에 잘려 땅으로 떨어진 열매가 내 눈에는 예사롭게 보이지 않았다. 긴 세월 삼신할머니에게 자식을 점지받지 못했던 내 모습 같았기 때문이다. 아니면 뱃속에 잠시 둥지를 틀었다가 인연이 되지 못하고 가 버린 태아들 같은 느낌 때문이었는지 가슴까지 시렸었다.

꽃으로 가득하던 과수원에서 꽃을 따주고 열매를 솎은 지가 엊그제 같은데 사과는 우리 아이들 주먹만 하게 커지더니 어느새 수확이다. 하루가 다르게 커가는 사과처럼 우리 집의 행복도 커졌으면…….

서리가 내려야 따는 빨간 부사에 비해 여름에 결실을 맺는 연둣빛 사과 아오리. 우리 아이들의 상큼한 미소마냥 싱그러운 사과를 한 입 베어 물면 새콤달콤한 즙이 입 안 가득 고인다. 껍질을 한 꺼풀 벗겨내면 속살도 연둣빛이어서 겉과 속이 변함없는 진국 같은 사람을 보는 듯한 아오리는 바람이 조금만 세게 불어도, 비가 많이 내려도 나무에서 잘 떨어진다. 그래서 조심스럽다. 사과를 딸 때에도 갓난아기 다루듯 살짝 쥐어야지 조금만 세게 잡으면 손자국이 나서 상품성이 떨어지고 저온창고에 오랫동안 보관도 못한다.

쌍둥이가 태어나던 날은 언니네 아오리 사과를 따려고 하던 날이었다. 그러나 출산 때문에 사과를 따지 못하자 내리는 비에 다 떨어져 버렸다. 이른 새벽 양수가 터져서 병원으로 갈 때 언니도 같이 가 주었다. 이번에 또 잘못되면 어떻게 하나 싶은 생각이 들었는지 안절부절못하는 남편. 몇 년 전만 해도 그렇지가 않았다. 그때도 쌍둥이를 임신한 나는 엄청나게 부른 배를 부둥켜안고 아프다고 하는데도 남편은 하혈해서 피가 묻어 있는 옷을 갈아입어야 병원에 간다고 버티었다. 조산인데다가 너무 늦어서 가망 없다는 의사에게 쌍둥이니까 한 아이만이라도 살려달라고 소리치던 그때도 새벽이었다.

힘들게 가진 아기를 허망하게 떠나보내고 죽음까지 생각했던 나를 보아 온 남편은 그 일을 생각하고 조바심 냈는지 모른다.

우리 부부의 애간장을 태우고 쌍둥이가 무사히 세상에 나왔을 때는 내 설움인 양 비가 추적추적 내렸었다. 십 년 만에 자식을 얻었을 때의 기쁨을 무엇으로 표현하리. 태어난 아이들이 정상이고 건강하다는 소리를 듣고 감격의 눈물을 얼마나 흘렸는지 모른다.

세상을 다 얻은 듯한 벅찬 감동의 기쁨도 시간이 지나면서 사그라지고 내 얼굴은 늘 일그러져 있다. 자식을 갖기 위한 일념 하나로 시골로 이사까지 했는데 소망이 이루어지고 보니 촌에서 쌍둥이한테 시달리며 사는 내 처지가 한심하게도 느껴졌다. 타지라서 친구들 만나는 건 꿈도 못 꾸고 외출 한번 못한 것은 물론 화장실조차 마음 편하게 가 본 적이 몇 번이었던가.

친구들은 자녀들 대학입시를 걱정하는데 내 아이들은 유치원에도 못 들어갔으니 언제 키우나 조바심이 났었다. 생각했던 대로 아이들이 따라주지 않을 때 소리 지르고, 자로 잰 듯 자르고 나눈 틀 밖으로 아이들이 나갈 때면 매도 들었다. 회초리는 하나여야 된다는 예전의 지론은 어디로 가 버리고 눈에 띄는 모든 것이 회초리가 되어 있을 때, 마음은 쓰라렸다. 그럴 때의 내 모습은 참으로 불안하고 초라하고 가난하기까지 하였다.

사과나무 속에 파묻혀 아오리를 따니 힘은 들지만 마음이 한껏 커졌다. 그동안 아이들을 키우느라 집안이라는 울타리에 내 마음까지 가두어놓고 힘들어했다. 동그란 사과는 마음에 여백을 두어 넉넉해지라고 일러준다. 어떤 것이 이득이 되고 손해가 되는지 따지지 말고 내 것 네 것을 고집하지 말고, 이것은 꼭 이렇게 해야 된다는 틀을 깨버리고 자유롭게 살라고 한다.

사과 한 개가 내 손에 들어오기까지는 봄부터 겨울까지 사과밭에 많은 정성을 들인다. 땀과 정성뿐 아니라 비와 햇살과 흙의 자양분이 모여 숱한 인고의 시간을 보내고 얻어진다. 한낱 과일인 사과도 그럴진대 우리 인간이야 얼마나 많은 시간과 정성이 필요할까. 서둘러 꽃을 피우려고 꽃눈을 터트려본들 꽃은 피어나지 않는다는 것을 왜 진작 깨닫지 못했는지. 아이들을 가르치고 때로는 배우며 지내다 보면 어느 날 엄마 품을 떠나려 하고 있을 텐데……. 그동안 왜 아옹다옹했는지 모르겠다.

사과 묘목이 어느 정도 성장을 해야 꽃이 피어나듯 아홉 달 동안 자궁에서 있다가 탯줄을 끊고 태어난 쌍둥이를 사과의 일생에 비유하면 꽃봉오리에 해당될까. 쌍둥이가 꽃봉오리라면 난 아직은 설익은 사과여서 풋내나는 어설픈 엄마이리라. 아오리 사과나무 옆에서 자라고 있는 부사는 지금은 풋내 나지만 가을볕과 소슬한 바람을 안고 초겨울 서리를 맞아야 맛 좋고 때깔 좋은 사과가 된다. 그만큼 심성 바른 건강한 아이로 키우려면 많은 시련을 견디고 부단한 노력을 해야 하리라.

사과가 익기까지는 한 해면 되지만 난 얼마만큼 시간이 지나야 성숙한 어머니가 될는지. 내 인생이 다하는 날까지는 익기나 할까. 바구니 가득 담긴 아오리가 한낱 사과로 보이지 않는다.

치미鴟尾

해 질 녘에 도착한 홍덕사는 소박한 빛깔에 다정한 손길로 관리된 흔적이 곳곳에서 묻어난다. 가지런히 정돈된 잔디에 정성들여 그린 단청, 화려한 예술 선으로 날렵하게 치솟은 치미까지.

멋들어진 선으로 아치형을 이룬 소나무를 머리에 이고 한 계단 한 계단 올라서서 절을 마주했을 때부터 치미에서 시선을 뗄 수가 없다. 하늘과 맞닿은 용마루의 끝자락에서 새의 깃털 모양을 하고 하늘을 우러르고 있는 치미의 위풍당당한 모습에 넋을 잃었다고나 할까.

목조건축의 기와지붕에서 용마루 양쪽 끝에 부착하던 장식기와를 망새, 망와望瓦로 많이 알고 있었는데 고인쇄박물관에 전시된 것을 보고 치미라고도 한다는 것을 알게 되었다.

기와지붕을 볼 때 하늘에 선이라도 그을 듯 높게 치솟은 용마루와 날렵한 춤사위 자세로 있는 처마의 맵시는 언제 보아도 새롭다. 집의 모양새를 가늠할 수도 있고 보는 각도에 따라서 달리 보이기 때문이리라.

기와지붕의 으뜸은 기와이다. 세월의 흐름 속에서 옛 선조들의 설움을 담아 뜨거운 가마에 구워져 완성되어왔을 기왓장들. 그래서인지 기와를 보면 인고의 세월이 느껴진다.

절터로는 오래된 곳이지만 복원된 절이라서 회색 빛깔에 견고해 보이는 이곳 기와를 보니 낡은 기왓골에 잡초가 자랄 만큼 세월의 흔적이 묻어나는 친정집이 생각난다.

비와 햇빛을 막아주고 절제된 선으로 집의 멋을 살려주는 기와지붕. 살짝 처마 끝을 올려 멋을 부린 와옥에 잡초라도 나 있으면 고색창연古色蒼然하다 하겠지만 내가 살고 보니 그윽함과는 거리가 멀다.

이태 전 고향집에 둥지를 틀었다. 반쯤 허물어진 돌담 위로 거무스름한 기왓장이 놓여있고 기와지붕이 있는 집. 기와집이라고 해서 잘사는 집이 아니다. 먹기와에 내려앉은 세월의 무게만큼이나 금이 가고 깨져있어서 모양이 제멋대로인 돌담의 돌멩이와 잘 어울릴 뿐이다.

어머니의 세월만큼이나 오래된 친정집에 이사하던 해 며칠을 장대비가 내렸었다. 우리 식구가 머물고 있는 사랑채 천장에 빗물이 스며들더니 이내 물방울이 되어 떨어졌다.

지붕에는 기와가 한 장 어긋나 있었다. 큰 집을 덮어주려면 수많은 기와가 얹혀졌을 텐데, 겨우 한 장 때문에 제 할 일을 다 못하다니. 친정집에 살고 있는 내 역할과 비슷하다. 어머니로 딸로 아내로 1인 3역을 숨 가쁘게 치르다 보면 지칠 때가 있다. 그럴 때면 공연히 심통을 부리고 퉁명스러운 말이 나온다. 내 얼굴이 밝으면 식구 모두가 미소 짓고 내 입이 삐죽 나와 있으면 기와집 아래 공기가 가라앉아있다는 것을 알면서도 툴툴거렸다.

기와 한 장 아끼려다 대들보 썩힌다는 속담이 있다. 작은 것에 너무 집착하여 아끼다가는 오히려 큰 것을 잃어버리게 될 수도 있다는 말이다. 기와 한 장을 아끼려고 했던 것은 아니지만 비가 샐 때 바로 고치지 않으면 서까래, 추녀, 대들보가 모두 썩어서 못쓰게 된다는 얘기이리라. 어긋난 작은 기와 한 장이 방안을 빗물로 적시듯이 우리 삶도 서로 조화가 맞아야 제대로 된 삶이라고 할 수 있을 터이다. 감정조절 못한 나 때문에 겪었을 식구들의 불편함이 느껴진다.

제 몫을 다한 기와 한 장 한 장이 이루어낸 지붕은 하나의 예술품을 보는 듯 멋스럽다. 줄 맞추어진 기왓장은 한복치마의 단아한 선이 물결치는 듯하고 시선을 돌려보면 다소곳이 앉아있는 여인의 눈썹마냥 곡선의 미가 나타난다.

홍덕사의 기와도 잘 빗어놓은 빗살무늬토기의 선인 듯, 흙 마당에 비질 자국 선명히 드러난 선인 듯 정갈하다.

기와 한 장 갈아 끼우고 두 계절을 지냈다. 그러나 어설프게 기와를 갈아서 그런지 올여름 비만 왔다 하면 천장에서 빗방울 떨어지는 소리가 들렸다. 자박자박 내리는 비에는 똑똑 떨어지다가 천둥번개를 몰고 오는 엄청난 비에는 뚜두둑 쉴 새 없이 들려오는 소리에 지붕이 무너지는 것은 아닌지 걱정하면서 밤잠을 설쳤다.

바쁜 하루의 고단함을 접고 잠을 청했을 때 내리는 빗소리는 기왓장 갈아야 하는 것을 깜빡 잊었음을 상기시켜 주었다. 그래도 기와 한 장 갈아서 지난번처럼 빗방울이 떨어지지는 않았지만 며칠을 비가 내리자 천장에 물이 스며들고 있다.

합판으로 된 천장을 조금 오려 내었다. 굵직한 대들보 위로 서까래가 놓여있고 그 위에 흙과 같이 가로 엮은 산자널은 수숫대이다. 손전등이 비출 때마다 새끼줄에 가지런히 엮어진 수숫대를 보면서 겉으로 보이는 것이 다는 아니라는 것을 느꼈다.

집 모양새는 기왓장이 깨지고 잡초가 돋아났다. 하지만 부모님이 물려받은 재산 없이 피땀 흘려 가정이라는 울타리를 만들었듯이 하나하나 정성들여 다듬어 올린 집이다.

부서진 기와지붕에 잡초가 뿌리내리면 어떠랴. 빛깔은 퇴색하고 풀이 돋아나도 한 울타리에서 숨 쉬며 살았던 가족들은 언제고 마음 편하게 드나들 수 있다. 그것은 지붕이기보다는 터가 되고 주춧돌이 되어준 부모님이 변함없는 사랑으로 보듬어 안아서 그러하리라.

기와 한 장 갈아 끼움으로써 지붕의 역할을 할 수 있음에 감사한다. 항상 그 자리에서 비바람을 막아주었을 지붕처럼 난 내 자식에게 든든한 버팀목인지, 아니면 누군가의 상처를 덮어줄 수 있는 기와 한 장이라도 되어 준 적은 있는지…….

여러 장의 기와조각이 줄 맞추어선 듯 질서정연한 홍덕사의 기와를 보며 먼 훗날 기억되는 내 모습도 가지런한 삶의 연륜들로 무늬 지어지고 싶다.

연당골 동산과 조화를 이룬 홍덕사를 꼭 한번 보고 싶었다. 〈직지야 어디 있니?〉 인형극을 할 때 600년 전 홍덕사에 살고 있던 스님 역할을 맡았었다. 어딘가에는 꼭 있을 직지를 찾아서 아이들이 여행을 떠난다는 줄거리이다. 글에서는 "직지가 여기 있다." 하고 보여주었는데 이곳 어딘가에 직지책이 묻혀 있을까? 다른 나라 박물관에 있는 직지를 우리 것이지만 가져오지 못하는 상황에 안타까움을 넘어서 약소국의 비애마저 느낀다.

선조들의 얼이 담겨있을 주춧돌을 쓰다듬어 본다. 홍덕사지에서 출토된 유물 중에 '대중삼년'이라는 글자가 새겨진 기와와 기타유물로 미루어 8·9세기에 창간되어 고려 말 폐사했으리라고 추정된단다. 이곳에서 현존하는 세계 최고의 금속활자본인 백운화상초록불조직지심체요절白雲和尙抄錄佛祖直指心體要節을 주자하고 발간했다고 하니 나무 한 그루, 돌멩이 하나까지 예스럽다. 육백여 년의 세월을 지키고 있음인가, 소나무마저 숙연하다. 그래서 우뚝 서 있는 치미가 더 위엄있게 보였을 수도 있다.

용마루 끝 치미鴟尾에 시선이 머문다. 행운과 불행의 상징으로서 상상의 새인 봉황의 모양을 본떠 만들었단다. 새의 깃 모양으로 층단을 이루고 있는 옆을 돌아 뒤쪽에는 두 개의 둥근 구멍을 두고 사이에 새겨진 도깨비 얼굴이 우람하다. 툭 불거져 나온 두 눈, 눈보다 더 큰 코, 이빨을 드러내고 있는 모습에서 억 겁의 세월이, 선조들의 숭고한 정신이 영상처럼 흐른다.

어처구니

오랜만에 맷돌을 보니 옛 추억들이 아슴아슴 되살아난다.

함지박에 맷다리를 놓고 다소곳하게 올려놓은 맷돌이 생경스럽기도 하고 맷돌질하던 젊은 날의 어머니를 보는 듯하여 자꾸만 눈길이 간다.

어릴 적 해 질 녘이면 어머니는 불린 콩을 맷돌로 갈았다. 구멍에 콩을 넣고 맷손을 돌리면 돌 사이로 걸쭉한 콩물이 사방으로 흘러내렸다. 콩, 녹두, 밀 등을 갈아 틈새로 밀어내는 것이 신기해서 우리 육남매는 빙 둘러앉아 구경을 했다. 나도 한번 해보겠다고 떼를 써 손잡이를 낑낑대며 돌려봤지만 술술 돌아가던 맷돌은 꿈쩍도 하지 않았다. 그러다 어머니 손이 닿으면 힘들이지 않아도 맷돌은 잘 돌아갔다.

공자는 나이 마흔을 가리켜 불혹지년不惑之年이라고 했다. 세상일에 미혹하지 않아 판단을 흐리는 일이 없게 된다고 했건만, 불혹을 넘긴 나는 아직도 세상일에 미숙해 갈팡질팡하며 살아간다. 세월의 연륜을 쌓고 모성애로 가득한 어머니의 삶은 맷돌처럼 둥글게 돌아가고, 내 인생은 잘 돌아가지 않아 서툰지도 모른다.

결과를 예측하지 못하는 수많은 선택의 기로에 섰을 때 맷손에 닿았던 어머니의 손을 생각한다. 그러면 어려웠던 일들이 순조롭게 풀릴 것 같은 생각에 마음이 포근해져 온다.

어둑한 부엌아궁이에 불 지펴가며 갈아놓은 콩물을 끓이고 촘촘한 천으로 걸러 콩물만 짜내던 어머니는 지금쯤 내 나이였으리라. 불그스레하던 얼굴엔 주름이 늘고 건강이 넘치던 팔뚝에는 검버섯이 피었다. 약봉지를 달고 사는 지금은 스러지는 풀잎 같다는 생각이 든다. 맷돌에 시름 한 자락 넣고 돌리면 납작하게 눌려 사라지고, 콩 한 움큼 넣고 돌리면 대가족 배부르도록 부풀려 나오면서 세월도 같이 돌리신 탓이리라.

두부는 더울 땐 차게, 추울 때는 뜨겁게 해서 먹을 수 있는 사철음식이다. 입맛 따라 다양하게 먹던 그 맛을 지금의 어느 먹을거리에 비할까. 마루에 앉아 먹다 보면 우물가에 있던 포도나무도 시샘하여 넝쿨을 뻗치는 것 같았고, 따끈따끈한 아랫목에서 먹을 때면 창호지 문의 돌쩌귀도 흔들리곤 했다.

맷돌에 갈린 콩은 두부로 비지로 순두부로 깔축없다.

버릴 것 없이 요긴하게 쓰이는 콩처럼 일인 다역을 하는 내 행동이 모두 올바르길 바란다면 지나친 욕심일까.

둥글고 넓적한 돌을 위짝과 아래짝 중쇠에 맞춰 포개놓고, 위짝에 구멍을 파서 나무 손잡이인 맷손을 끼워 맞춘 맷돌. 맷돌을 갈 때 그 손잡이를 어처구니라라고 한다. 곡식을 준비해 놓고 맷돌질을 하려고 할 때 맷돌에 '어처구니'가 없으면 얼마나 황당할까? 한낱 보잘것 없는 나무 손잡이지만 어처구니가 없으면 맷돌은 아무 짝에도 쓸모가 없는 돌에 불과하다.

내가 지향하는 엄마의 역할은 어처구니다. 콩이건 팥이건 무엇이든 갈아주는 맷돌은 아래 윗돌이 맞물려서 제대로 돌아가야 제 몫을 다한다. 그러나 손잡이가 없으면 무슨 소용이랴. 어처구니를 잡고 돌려주어야 콩을 갈고 팥을 타는 맷돌의 역할을 다하는 것이다. 자식들이 이일 저일 부딪쳐 보면서 많은 시행착오 끝에 이제 모든 준비는 끝났다고 생각할 즈음, 정말 꼭 한 가지가 부족해서 일을 처리 못할 때, 그때 도와주는 것이 어머니의 몫이 아닐까.

난 겨자씨만 한 시련에도 어머니께 마음 기대어 살았으면서 내 자식에게 거는 기대가 크니 정말 어처구니없는 일이다.

내일은 오늘을 거쳐야 만나는 시간. 오늘 행동은 내일을 살아가는데 자양분으로 꽃피울지, 열매 맺을지가 결정된다. 인생이란 지나간 시간은 되돌릴 수 없는, 연습 없이 사는 삶이다.

이제부터라도 여유롭게 삶에 대한 포용력을 갖고 살고 싶은데 허둥지둥 살아가고 있다. 그래도 나이 사십이 넘어 스무 살 시절과 그나마 다른 것이 있다면 남을 배려할 줄 아는 아량이다. 도저히 이해할 수 없어 애면글면하던 마음을 누그려 생각해 보면 그럴 수 있겠구나 감싸 안을 수 있으니 불혹이란 나이가 다소 위안이 된다.

곰살궂은 시골아낙을 보듯 포근함을 주는 맷돌처럼 이제는 고단한 삶의 더께를 한 겹 걷어내고 넉넉한 마음으로 안온하게 살아갔으면 한다.

어처구니를 잡아본다.

2

빨랫줄과 바지랑대

장독대

감나무 추억

꽃을 주고받는 마음

간이역 우체통

돈에서 묻어나는 것들

태 항아리

풋감

산사山寺에서

달 밝은 밤에

빨랫줄과 바지랑대

모처럼 마당가에 번진 햇살 위에 구름을 내걸고 싶다.

며칠째 내리는 비에 쌓여가는 시름만큼이나 빈 빨랫줄에서는 물방울만 오종종 매달리다 떨어지곤 했다.

서둘러 일상의 고단함을 빨래와 같이 탁탁 털어 줄에 넌다. 쌍둥이가 벗어놓은 옷들이 어찌나 많은지 세탁기로 휘휘 돌려 너는 일도 힘에 부친다. 하루 종일 쓸고 닦으며 치우다 보면 지치고 짜증나는 날들이라서 얼굴은 펴질 때가 없다.

마당의 길이만큼 걸쳐진 빨랫줄이 주어진 삶이라면 바지랑대가 놓인 중간 지점만큼 온 인생이다. 숨 가쁘게 분주한 일상을 보냈지만 돌이켜보면 바지랑대 높이에서 바라보는 곳도 벗어나지 못한 채 종종거리며 살아온 듯싶다. 이십대 후반부터 외줄 타기하듯 발끝에 온몸을 지탱한 채 자식을 갖기 위한 일념으로 살았다. 하얀 기저귀가 널리기를 갈망하며 병원을 드나드는 횟수만큼 근심만이 널렸었다. 불혹이 가까워서야 쌍둥이를 낳았을 때 하루 세 번 세탁기를 돌리면서도 행복에 겨워하며 바쁘게 살았던 지난날들이 생각난다. 조금 힘들다고 너무 소중한 것을 잊고 있었다. 손길 닿을 빨래들이 있다는 것이 얼마나 기쁜 일인지 이제야 알 것 같다.

빨래에는 내 행복의 원천인 가족들의 시간이 고스란히 담겨있다. 새벽같이 나가서 어둑해서야 들어오는 남편의 양말은 나보다도 남편의 일상을 더 알고 있을 터이다. 변비 때문에 놀림 당했을 아들아이 팬티를 볼에 대니 냄새보다는 속살에 어울려 함께했을 체취가 전해져 온다. 치마는 한사코 마다하며 머슴애들하고만 노는 딸아이의 바지까지 널어놓고 보니 하늘이 참 곱다.

쪽으로 물들이면 저렇듯 고운 빛이 나올까. 내친김에 수돗가에 자리를 잡았다. 남편 옷만큼은 손으로 비벼 빨고 있다. 울퉁불퉁 집에서 만든 비누로 비비다 보면 피어나는 거품처럼 속이 후련하다. 한 번 두 번 헹굼질하는 단순한 움직임 속에 시름은 사라져 버린다. 커다란 자배기에 물을 받아 헹군 옷들은 짜지 않고 축 걸쳐 넌다.

옷에서 뚝뚝 떨어지는 물방울만큼 파이는 마당의 흙. 무게도 느껴지지 못할 만큼 작은 존재인 물방울이 낙하하는 속도만큼 흙마당은 자리를 비켜준다. 작더라도 큰 힘을 쓸 수 있고 맞서기보다는 돌아가는 이치이리라.

처마에서 마당을 가로질러 돌담 옆에 있는 모과나무까지 걸쳐진 줄이 힘에 겨운지 축 늘어진다. 바지랑대를 중간에 세워 무게를 덜

어주니 한결 보기가 좋다. 장대 하나가 버티기에는 벅찰 텐데도 아무런 불평 없이 하늘만 바라보고 있다.

피곤에 지쳐 축 처진 남편의 어깨 위에도 바지랑대를 받쳐주면 한결 가벼워질까. 전 재산을 투자한 사업이 계획대로 되지 않아, 사십이 넘어서 다시 시작해야 하는 남편의 마음이 가벼워진다면 기꺼이 바지랑대가 되어 주고 싶다.

옷가지를 가득 달고 바람에 흔들리는 빨랫줄이 남편의 모습 같다. 아이를 낳기 전에는 내가 늘어진 줄 같았다. 인연이 되지 못한 채 떠나보내야 하는 태아들로 침통해 있을 때 남편은 바지랑대가 되고 따뜻한 햇살이 되어 힘을 보태 주었다.

빨랫줄과 바지랑대처럼 떨어질 수 없는 사이가 되어 힘들 때 기댈 수 있고 어려움을 나눌 수 있는 것이 인생살이이지 싶다.

무거워진 줄에 온 식구가 걸려있다. 혼자 두 팔 벌리고 힘겨움을 참고 있을 남편의 빨랫줄에 이제부터는 내가 바지랑대가 되어야겠다.

장독대

장독대에서 바라본 하늘이 참 맑다. 야트막한 산 언저리 아래 있는 집이어서 바람도 거칠 것 없이 드나드는 장독대에는 가끔 뒷산의 들꽃과 솔잎의 향기도 와서 머물다 간다.

질박한 고동색깔의 장독들은 옹기장이의 솜씨로 선만 자유롭게 그려진 채 장독받침 위에 놓여있다. 산속의 옹기 터에서 어떤 옹기장인의 끊임없는 노력과 정성으로 만들어졌을까. 혼신을 다해 만들어진 장독이 가마에서 불에 달구어져 장독대에 오르면 깨어지기 전까지는 그 집 안주인과 평생을 같이하였다. 쓰다가 금이 가면 말린 채소나 곡식을 보관하기도 하던 장독이다.

예쁘장한 장독소래기를 열어본다. 옹기 속에서 장이 익어간다. 숨을 쉬는 장독을 햇살이 보듬어 주고 바람이 어루만져 주면서 해가 바뀔수록 맛도 깊어진다.

고운 빛깔의 고추장을 보니 몇 년 전 일이 생각난다.

흐르는 세월 따라 살아가는 방식도 달라지고 있음인가. 장독대는 아이들의 놀이터였다. 항아리 뚜껑을 이미 두 개나 깨어버린 세 살배기 쌍둥이는 눈 깜짝할 사이에 옥상까지 올라와서 놀기를 좋아했다.

그날도 날씨가 따뜻해서 커다란 자배기에 물을 받아놓고 텃밭 옆에서 놀게 하였다. 풀을 뜯어다 물에 띄우기도 하고 염소 뿔 잡고 놀다가 다시 물속으로 첨벙 들어가는 아이들을 두고 집안으로 들어왔었다.

잠시 후 아이들의 발가벗은 몸에는 온통 고추장 투성이였다. 물놀이를 하다가 장독대가 있는 옥상까지 간 것이다.

아이들은 맵다고 우는데 난 웃음이 터졌다. 식사할 때 남편이 고추장에 고추를 찍어 먹는 것을 보고 그 행동을 무척이나 하고 싶어하던 아이들이었다. 밥상머리에서 고추, 숟갈, 젓가락 가리지 않고 손에 잡히는 대로 고추장을 찍어대더니 성에 차지 않았나 보다. 항아리째 열어놓고 온몸에 더덕더덕 묻혀가며 놀다니. 고추장은 실컷 맛보았을 아이들 때문에 장독대에는 온통 고추장으로 그림이 그려졌던 날이다. 그뿐이랴. 항아리 뚜껑이란 뚜껑은 다 열어놓고 들여다보며 놀았는지 옥상에 널어놓은 호박오가리, 가지, 대추 등을 장독마다 다 박아 놓았었다.

뚜껑이 깨져 아무 것도 담지 못한 빈 항아리가 눈에 띈다. 뚜껑만 있었으면 음식물을 담고 당당하게 제 몫을 다할 텐데. 열려진 항아리엔 켜켜이 먼지만 쌓여있다. 고추장이 담기건 멸치젓갈이 담기건 쓰다 달다 싫은 내색 없이 본분을 다했을 항아리였는데, 비가 오면 빗물을 받아들이고 햇볕이 쨍쨍 내리쬐면 온몸으로 햇빛을 다 받고 있다. 자기 자신을 있는 그대로 인정하고 순응하는 항아리에게서 내 자신을 되돌아보기도 한다.

뚜껑이 없으니 쓰임새가 없어 무심히 놓아둔 장독, 크기가 작으니 독이라기보다 항아리나 단지라고 부르는 것이 더 어울릴 듯하다. 장독대 한편에서 엉거주춤 자리 잡고 있는 빈 단지는 뚜껑이 없으니 온몸으로 하늘을 품어 안을 수 있어 아름다운 세상이 다 내 것이라고 기뻐할지도 모르겠다.

빈 항아리에 바람이 휑하니 머물다 간다. 항아리와 밀어를 나눈 듯 묘한 여운을 남기고 가는 바람결에 내 마음속의 공허감도 실려 보내리.

소금이 든 독을 바라본다. 참기름이 많을 때면 친정어머니는 소금 항아리에 두었다가 쓰시곤 했다. 참기름의 맛과 향을 소금이 지켜주었는지 장독이 변하지 않게 해 주었는지는 알 수 없지만 나 역시 참기름을 소금에 파묻어 놓고 있다.

장독대로 내려앉은 햇살이 따스하다. 장을 묵히고 삭혀서 깊은 맛을 우려내는 장독이 모여 있는 곳이다. 햇볕이 잘 드는 곳에 장독대를 두어 때로는 뚜껑을 열어 볕을 쬐어 주기도 하고 어떤 때는 꼭꼭 여미어 두기도 한다. 적당한 온도와 바람, 습도에 의해서 장맛이 좌우되기 때문이다. 몇 도에서, 몇 퍼센트의 습도에서 열고 닫으라는 과학적인 수치는 없어도 장을 담그면서 터득한 원리와 지혜를 어머니들에게 배워서 이어져 오고 있다.

소박하고 단순한 모양새에다가 화려하지 않은 때깔의 독들이 옹기종기 모여 있는 장독대. 해충을 막고 잡귀를 쫓기 위해서 친정어머니는 맨드라미나 봉선화를 심었었다.

친정집 마당가에 질편하게 앉아있는 크고 작은 장독들은 참 많았었다. 그러나 우리 집의 장독대에는 그 절반도 되지 않는다. 내 딸의 세대에서는 장독대가 어떻게 변해 있을까.

항아리를 닦는다. 깊은 울림이 손끝으로 전해져 온다.

마음을 다잡아 세월을 닦는다.

감나무 추억

달빛이 교교한 밤에 감을 깎는다. 얇게 껍질을 벗겨서 따사로운 햇살과 맑은 바람에 살랑살랑 말릴 생각이다. 딱딱한 감을 깎으면서 마음은 벌써 하얀 가루가 묻어나는 백시를 먹을 생각에 군침이 돈다.

소쿠리에 가득한 감에서 이웃의 정이 담뿍 전해져 온다. 가을걷이가 시작되면 시골 인심이 좋아서 하나 둘 들어오는 소출. 고구마, 깨, 토란, 콩, 고추, 햅쌀, 배추, 감을 가지고 오는 인정 많고 순박한 이웃들이 있어 가을이 더 풍성해진다.

소담스럽게 담겨져 있는 솔밭감을 하나 집어 든다. 진주홍색의 껍질을 벗기니 주홍빛 속살을 내보인다. 겉모습과 같은 빛깔의 속살은 안과 겉이 다르지 않고 올곧은 선비를 보는 듯하다. 겉모습은 그럴듯한데 속마음은 딴판인 사람들이 얼마나 많은 세상인가. 나 역시 겉으로 보여지는 외모에만 너무 치장하는 건 아닌지. 처음 시골로 이사 왔을 때 아침에 일어나면 화장부터 하였다. 있는 그대로의 모습보다 좀 더 나를 포장하고 싶었는지도 모른다. 본바탕의 부족함을 꾸미려고 치장하지만 마음의 향기는 겉모습을 꾸민다고 되는 것이 아닌 것을.

창호에 어리는 달빛을 받으며 감을 사각사각 깎다 보니 고향집에 있는 감나무도 달빛에 젖어 있을 것 같다.

내 고향의 가을은 진다홍빛으로 물드는 감나무 잎새에서 시작되었다. 마을 주위의 산야는 빨간 꽃을 피운 것처럼 감나무가 지천이다. 고샅길을 걷다 보면 초가지붕에 얹힌 하얀 박과 돌담 위로 뻗어 나온 감나무 가지의 붉은 감이 운치가 있었다.

어렸을 때는 감의 모양이 다르다는 것만 알았다. 뒷동산에 있던 감은 작으면서 삐뚤게 생겼고 우리 집 뒤꼍에 있는 감은 넓적하였다. 솔밭 너머에 있는 감나무는 둥글고 예쁜 감을 달고 있었다. 감을 좋아해서 관심을 갖다 보니 감나무에 어린 유년 시절의 추억만큼이나 다양한 이름표를 달고 있다. 감나무가 있는 장소와 감의 모양, 빛깔에 따라 솔밭감, 넓적감, 장두감, 고추감, 사랑방감, 두리감 등 정겹게 불리고 있다.

감나무에 연초록 잎이 돋아나고 담황색 꽃이 피면 꽃을 먹었다. 먹다가 싫증이 나면 실에 꿰어 목걸이와 팔찌, 왕관을 만들어 오월의 신부가 되는 소꿉놀이를 즐겼다. 그러다가 꽃이 진 자리에 달린 파란 감이 떨어지면 감 잎사귀와 함께 더할 수 없는 장난감이 되었다.

파랗던 감이 주홍빛으로 서서히 물들기 시작하면 우리 꼬마들은 몸

살이 난다. 홍시를 먹을 생각에 이른 새벽 잠을 깨면 감나무 아래로 달려갔다. 삽상한 아침 이슬에 바짓단이 젖는 것은 대수롭지 않다. 감나무 밑을 헤매다가 팍 터져서 떨어진 감을 보면 서운해하고 모양을 다 갖춘 감을 주워서 먹으면 그날 하루는 마냥 기분이 좋았다.

홍시 생각이 나서 장두감을 꺼내 온다. 한입 베어 물으니 달콤하면서도 향긋하다. 떫고 딱딱한 모습은 어디 가고 말랑말랑한 것이 맑은 햇살 때문일까. 자연의 섭리에 순응하기 때문인가.

감나무를 오상이라고 부른단다. 글씨를 쓸 수 있는 잎, 나무는 깎아 화살촉을 만들고, 안과 겉이 다르지 않으며, 치아가 없는 노인도 먹을 수 있고, 늦가을까지 달려 있기 때문이다. 그래서 문, 무, 충, 효, 절을 갖춘 나무라고 극찬했다는데 나는 무엇을 내 보일 수 있을까. 지금까지 살아온 세월의 무게와 빛깔을 돌아본다. 감나무에 나를 비교한다면 파란 감에 해당될 텐데……. 난 때깔을 낼 준비는커녕 아직 꽃도 피우지 못한 것 같다.

내 인생의 삶을 다독여 본다. 내가 남은 생을 나무로 산다면 하나도 버릴 것 없이 덕 있는 감나무 같은 인생을 살고 싶다.

가을빛 속에서 감나무의 진풍경은 진다홍빛으로 물들은 잎이 떨어지고 감만 주렁주렁 달려 있어 꽃을 피운 것처럼 예쁠 때이다. 별바른 날 긴 대나무 장대를 들고 감을 땄다. 머리를 뒤로 젖혀서 감을 따다 보면 쪽빛 하늘에 빨간 감들이 달려있는 것 같아 한 폭의 수채화를 보듯이 아름다웠다.

소쿠리에 감이 하나 둘 늘어날 때면 추운 겨울날 달콤한 홍시를 먹을 생각에 더욱 신이 났다. 나무의 맨 위쪽으로는 몇 개 남겨 놓는다. 까치밥이라고 하여 먹을거리가 별로 없는 추운 겨울에 까치를 위해 마련해 놓은 작은 배려이다.

함박눈이 내릴 때면 말랑하게 잘 익은 홍시를 꺼내다가 뒤뜰의 감나무 아래에서 먹던 그 맛을 어디다 비하리.

지금의 감이 아무리 잘 익었어도 어릴 적 뒤뜰에서 먹던 그 맛을 느낄 수가 없다.

예전에야 먹거리가 풍부하지 않았던 시절이니 감이 기나긴 겨울밤 요긴한 간식거리가 되었으나, 요즘은 감나무에서 서리를 맞고 눈을 맞으며 까치의 먹이가 되고 있는 감을 많이 볼 수 있다.

나무에서 겨울을 맞고 있는 감을 보면 침담근 감이 생각난다. 감에는 타닌이 들어있어서 단감이 아니고는 그냥 먹기 어려우니 삭혀 먹기도 했었다. 떫은 감을 항아리에 담고 소금을 탄 끓는 물을 붓는다. 항아리에 이불을 덮어서 아랫목에 놓고 하룻밤 지나면 떫은맛은 없어지고 달고 맛있는 감이 되었다. 단감처럼 아삭아삭 씹히는 침시를 하나 둘 먹다 보면 가득 담겨졌던 항아리 바닥이 금세 드러났었다.

넓지 못한 내 마음도 침을 담그면 너그러워질까. 상념의 꼬투리를 잡고 괴로워하는 마음의 찌꺼기도 소금에 타서 하룻밤 지나면 맑아질 수 있을지. 그럴 수만 있다면 난 매일 침을 담그는 수고를 하더라도 기쁘게 할 수 있을 것 같다.

깎은 감을 실에 엮어서 처마 밑에 주렁주렁 매달면 좋겠지만 손쉬운 방법으로 채반에 널었다. 분 살짝 바른 새색시처럼 하얀 분을 두르고 투명한 속살이 내비치는 말랑말랑한 곶감을 만들어야 할 텐데.

햇볕이 맑게 비추던 화창한 날씨였다가도 감을 널으면 비가 부슬부슬 내린다. 비가 오면 들여놓고 햇볕이 들면 내다 널고, 곶감을 만드는 것도 쉬운 일이 아니다.

비 갠 창 너머의 풍경이 맑다. 빗방울을 매단 채 피어 있는 노오란 국화에 시선을 두고 비의 끝자락을 헤아려보다가 감을 들고 옥상으로 올라갔다.

저 멀리 외딴집 돌담 사이로 감나무의 빈가지가 보인다. 가진 것 다 내어 준 빈 가지가 내 마음을 아련하게 한다.

유년 시절에 애틋한 추억의 한 자락을 준 감나무에게 보내는 눈길이 정겹다. 내가 잘 익은 열매를 위해 마음속에 씨앗을 준비하듯 감나무도 새봄의 씨앗을 잉태하고 있으리라.

꽃을 주고받는 마음

꽃을 주고받거나 꽃집에 있는 꽃들을 보면 떠오르는 말이 있다.

"당신 애인 꽃집 여자예요?"

생각날 때마다 머리를 흔들며 잊으려 하지만 나오는 웃음은 어쩔 수가 없다. 남편에게서 꽃이나 화분을 언제부터 받았는지는 모르겠지만 맞벌이하던 시절, 남편은 늦게 퇴근하는 날이면 초인종을 누르지 않고 열쇠를 사용하였다. 내가 자고 있었던 것은 아니지만 직장을 다니는 아내에 대한 배려 때문이었을 것이다.

그러나 술을 마시어 기분이 최상일 때면 초인종이 울렸다. 그때마다 현관 문틈으로 내밀어지는 꽃다발을 받아 들고 탄성을 지르면 남편은 불그스레한 얼굴로 나타났다.

우아한 백자 항아리에는 청순해 보이는 백합이 꽂히기도 하고 정

열을 태우는 장미며 한 송이로도 온 집안을 향기로 가득 채우는 프리지어 등으로 꽃향기가 끊길 때가 없었다. 허전하던 베란다에도 화분은 늘어났다. 따가운 줄기를 어떻게 들고 왔는지 소철이며 아마릴리스, 선인장 등…….

신비한 빛깔로 아름다움을 뽐내며 향기를 풍기는 꽃을 항아리에 꽂아 거실이나 방에 두면 집안 분위기가 활짝 살아나고 있음을 느낀다. 우울하거나 피곤에 지쳐 현관문을 열었을 때 집안에서 풍기는 그윽한 향기와 남편이 건네준 꽃을 바라보면 마음이 편안해지며 생기가 되살아났다.

무뚝뚝하고 표현을 별로 하지 않는 경상도 사나이인 남편에게서 꽃을 받으리라고는 상상도 못하였었다. 그만큼 말이 없고 애정 표현에 인색한 남편인데 항아리에 꽂힌 꽃을 바라보며 왜 꽃을 선물했을까 생각을 해 보았다.

사랑을 고백하거나 기쁜 일이 있을 때 우리는 꽃을 선물하곤 한다. 꽃 자체가 사랑 고백의 뜻을 포함하기도 하고 꽃을 보면 누구나 기분이 좋아지기 때문이리라. 나 역시 꽃을 받을 때의 그 무언의 말이 사랑의 말보다 몇 배 더 큰 효과로 가슴을 울렁이게 하곤 하였으니까.

남편이 언제부터 꽃을 선물하였던지 꽃을 받게 된 무렵에 자기를 사랑하느냐고 물어 왔었다. "글쎄요." 하며 얼버무리고는 "내가 당신을 만난 건 그해 가을이 쓸쓸했기 때문이야." 장난 삼아 던진 말에 충격을 받았었나. 친구의 소개로 만나서 남편의 적극적인 청혼으로 결혼하였으니 '글쎄요.'란 단어를 '사랑해요.'라는 말로 바꾸어 듣고 싶었던가.

아니면 언젠가 회사로 전화했을 때 직원이 꽃꽃이 선생님이냐고 물은 적이 있었는데, 좋아하는 여인이 꽃집을 하고 있어 보고 싶을 때마다 꽃집에 들렀을 수도 있는 일 아닌가.

생각을 하면 할수록 꽃을 주는 마음을 순수하게 보지 않고 남편이 꽃집 여자를 좋아할 것이라는 엉뚱한 생각이 들자 일주일에 두 번 꼴로 꽃을 받을 때마다 즐거움은 그만큼 덜했다. 시들어 없어지는 꽃을 돈으로 환산해 아까운 생각도 들었고 베란다에선 관리 소홀로 빈 화분만 늘어갔다.

그날도 남편은 초인종을 눌렀다. 노란 들국화 한 다발을 받아들고 현관을 들어서는 그이에게 물었다. "당신 애인 꽃집 여자예요?" 순간 남편의 표정은 무척 실망하는 눈치였고 그 후로 꽃과의 만남은 중단되었다.

길을 가다가 담장 위로 뻗어 나온 꽃이나 나무를 보면 걸음이 멈추어진다. 정원이 아름다운 그 집 안주인의 살림살이는 보지 않아도 정갈하고 깔끔할 것이라고 짐작하고는 "당신 애인…….''을 떠올리기도 하였다.

좋아한다는 말을 꽃으로 표현하였을 남편의 마음을 순수하게 받아들이지 못한 나의 실수, 빈 항아리에는 남편의 마음을 있는 그대로 전해 받은 꽃을 담고 싶어졌다.

남편이 술에 취해 기분이 좋은 어느 날 넌지시 우리 집 백자 항아리가 허전하다고 하였더니 픽 웃기만 한다. 어떻게 하면 남편이 꽃을 다시 사 오게 될까. 빈 항아리를 바라보는 마음은 한없이 쓸쓸하였다.

꽃을 받는 사람보다 주는 이의 마음이 더 예쁘지 않을까. 술 한 잔에 기분이 좋아지고 보니 가장이 돌아오기만을 기다리고 있을 아내가 생각났을 것이고 마음먹은 대로 잘해 주지 못해서 미안했기에 꽃집에 들렀을 것이다. 장미, 소국, 양귀비, 아네모네, 거베라, 천일홍……. 다발째 색색이 진열되어 있는 꽃을 고르면서 머릿속으론 꽃을 받고 좋아할 아내의 모습을 상상하며 미소 지었을 것이다.

꽃을 받을 때의 행복감, 그러나 꽃을 주는 이의 마음을 지혜롭게 받아들이지 못하면 그 꽃은 이미 시든 꽃이나 마찬가지이다. 그러니 꽃을 주는 사람과 받는 사람의 마음이 일체감을 느낄 때, 꽃이라는 아름다움으로 피어난다는 것을 느꼈다.

아무리 화사한 꽃이라도 그 싱싱함이 열흘을 넘지 못하지만 꽃을 주는 이의 마음을 가슴에 듬뿍 받으면 오래 지속되리라. 꽃을 주는 마음, 꽃을 받는 마음, 우리 부부가 그런 마음으로만 살아간다면 무엇을 더 바랄까.

직장도 그만두고 꽃 받는 것은 옛일이 되었을 무렵, 사소한 일로 남편과 다툰 이튿날. 현관 배웅도 하지 않고 남편이 엘리베이터를 타자마자 문을 잠가 버렸다. 오 분쯤 지났을까. 현관문이 심하게 일렁거려 나가 보니 남편은 보라색 들국화 다섯 송이를 내밀고는 사라졌다.

푸짐한 꽃다발에 비하여 화려하진 않지만 뿌리째 달려있는 들국화 다섯 송이로 인해 자연스레 화해한 셈이다. 작은 화병에 꽂아 식탁에 놓고는 하루 종일 오고가며 향기를 맡았다. 며칠이 지나 말라

버린 꽃에 코를 대니 "꽃이 그렇게 좋아?" 한다. 꽃을 선물한 당신의 마음이 좋다고 하니, 빙그레 웃는 그의 얼굴을 보며 난 탄식했다. 요놈의 입 때문에……. "당신 애인 꽃집 여자예요?" 소리만 안 했어도 언제나 향긋한 꽃을 받아 볼 수 있었을 텐데.

설레며 기다리는 꽃과의 만남이 언제나 다시 시작될까? 다시 꽃을 받게 된다면 눈에 보이는 꽃의 빛깔이나 향기의 외형만을 보진 않을 것이다. 꽃을 건네주는 그 마음을 가슴에 담으리라.

간이역 우체통

시골의 간이역으로 비치는 햇살이 참 곱다.

싸리비로 가지런히 쓸어놓은 것 같이 정갈한 하늘, 양팔 가득 벌려 늠름하게 서 있는 느티나무 아래 시나브로 떨어지는 잎새를 역무원이 쓸고 있다. 싸리비가 나뭇잎새에 닿을 때마다 쓱싹쓱싹 들리는 소리가 정겹다.

기차가 지나칠 때마다 아이들은 기차를 가리키면서 눈을 동그랗게 뜬다. 기다리는 할아버지는 오시지 않고 기차가 그냥 지나칠 때면 노래를 불러달라고 조르는 아이들에게 노래를 부른다.

"기찻길 옆 오막살이……." 그러면 집 앞에 있는 시골길 모래 위에서 했던 것처럼 딸아이가 내 바지를 잡고 쌍둥이 동생인 아들은 그 뒤를 따른다.

시골의 간이역은 한산하다. 쌍둥이에게 불러주는 노랫소리만이

들릴 뿐.

느티나무 옆에 따스한 햇살보다 더 포근해 보이는 빨간 우체통이 있다. 저 우체통에는 어떤 무수한 사연들이 숨어 있을까. 기쁘고 슬픈 갖가지 사연들이 들락날락했으리라.

시아버님께 편지를 올린 지가 언제였던가. 살림에도 초보이고 인생에서도 어설펐던 신혼시절, 학자풍이신 시아버님이 왜 그렇게 어렵던지. 자주 찾아 뵙지 못하는 죄송함과 말로는 꺼내기 어려운 부분을 글로 써서 우체통에 넣었다. 거리가 멀어도 시아버님과 주고받는 편지가 있었기에 시집식구들과 교감을 나눌 수 있었고, 직장생활로 고달픈 며느리는 퇴근길에 우편함을 열어보는 것이 행복으로 다가왔었다.

언젠가는 시댁에 가서 남편의 못된 점을 시어머님께 미주알고주알 일러바치고 오니 아버님께서 남편에게 편지를 쓰셨다.

"너의 허물이 곧 父의 허물이며 父의 허물이 너의 허물이거늘. 육십 평생에 父는 다시 어린 시절로 돌아가 인생의 참다운 교육을 받아야 할 것이로구나." 그러면서 "인정人情은 가정의 근본根本이요. 순리順理는 곧 백행百行의 근본"이라고 하시었다.

그 후 일상 속에서 남편과 작은 갈등이 있을 때면 아버님의 편지를 떠올렸다. "순리대로 살아라." 그러면 어떤 어려운 일이 있을지라도 겸허하게 받아들일 수 있었다.

결혼해서 생긴 아기가 계속 잘못될 때도 순리대로 살라는 아버님의 편지를 다시 읽어보고 맏며느리로서 손자를 안겨드리지 못하는 죄송한 마음을 편지에 담아 우체통으로 갔었다.

노래를 불러 달라고 업어달라고 조르는 아이들만 없으면 지금이라도 간이역의 풍경을 담아 우체통에 넣을 텐데……. 우체통 옆에는 국화며 맨드라미 등 갖가지 꽃들이 활짝 피어 있다. 화려한 색상의 꽃을 말갛게 비추는 햇살을 보면서 내 마음속의 생각들도 저렇게 밝고 아름다웠으면 하고 소망해 본다.

자연의 섭리에 따라 피고 시드는 꽃들, 돋아나고 떨어지는 나뭇잎을 보며 또 한 해가 얻은 것 없이 가는구나 하고 절망했던 지난날들. 결혼해서 십 년이 넘는 세월을 그저 자식만 있게 해 달라고 빌면서 자식이 전부인 양 살아왔다. 이제 그렇게 고대하던 자식을 한꺼번에 둘이나 얻었는데도 내 얼굴은 흐렸다 맑았다 한다. 그 간절했던 마음은 어디 가고 쌍둥이의 재롱에 밝은 얼굴이 되었다가도 남편이 미울 때나 피곤하다는 이유로 아이들에게 짜증을 내곤 한다. 소원하던 자식을 가졌건만 내 인생에서 거둘 것이 없는 허허로운 빈 가슴만 울려오기 때문일까.

봄부터 가을까지 자연의 순리에 따라서 꽃 피고 잎 돋아나고 열매 맺는 자연을 보며 내 빈 뜨락에는 언제 튼실한 열매가 맺힐까 생각해 본다.

아이들이 "엄마." 하면서 손으로 가리킨다. 박이다. 시골의 간이역 앞에는 느티나무와 빨간 우체통이 있고, 기차가 지나가는 쪽으로는 갖가지 꽃들이 화분 속에 담겨있다. 그 화분 위로 주렁주렁 달려있는 조롱박과 수세미를 아이들은 신기한 듯 바라본다.

몇 년 전까지만 해도 시댁에서는 박을 심었었다. 돌담 너머로 하얀 박들이 달빛 아래 속살을 드러내고, 울타리에는 울콩을 심어서 담을 에워싼 콩줄기가 운치가 있었다. 마당가로는 늘어진 수수가 하늬바람에 일렁거리는 모습도 보기 좋았다. 박은 말려 두었다가 표주박 하라고 주셔서 우리 집 간장 항아리에는 아직도 반쪽 박이 동동 떠 있다.

아이를 낳고부터는 우체통으로 가는 작은 행복도 사라지고 대신 전화로 인사치레만 하고 있다. 우리가 시골로 이사하여 거리가 멀으니 자주 오시지 못하는 시어른들인데, 쌍둥이를 낳고 두 번째 다녀가는 여정이시다.

도착시간보다 미리 와서 기다리는 탓인지 이번 기차도 몇 명의 사람들을 내리고 태우더니 떠나갔다.

우리 사는 모습도 저 기차와 같지 않을까. 인생이란 긴 철로 위에 잠시 머물다가는 간이역들. 운이 좋으면 남들보다 몇 정거장 더 갈 수 있고, 인연이 아니라면 한 정거장도 달리지 못하고 마감하는 인생.

몇 년 전에 뱃속에서 다 키워놓고 하늘나라로 보낸 쌍둥이는 잠시 기차에 탔다가 잘못 탔다고 도로 내리었나. 나와는 부모자식간의 인연이 아니라서 한번 안아보지도 못한 채 내 곁을 떠났던가. 가슴이 아릿하다.

정녕 내게는 자식 복이 없단 말인가 하고 우체통으로 가는 일도 뚝 끊고 서서히 침몰해 가는 배마냥 마음의 빗장을 닫고 산 지 몇 년째. 손자타령 안 하시고 안으로 묵묵히 삭히시는 시어른들을 생각하고 다시 몸 추슬러서 병원을 드나들며 피 뽑고 주사 맞던 지난날들.

지금 내 옆에서 뛰어노는 남매 쌍둥이가 하늘나라로 보낸 아이들이 다시 환생한 양 속죄하며 열심히 키워야지 다짐해 본다. 아니면 하늘나라로 띄우는 편지도 요즘 있다던데 뱃속에서 놀던 그 발길질을 기억하면서 짧은 시간이었지만 엄마는 무척 행복했었다고 글을 써서 지금 내 앞에 있는 빨간 우체통에 넣어볼까.

누구나 가슴에 우체통 하나 담고 살듯이 내 마음에는 간이역의 빨간 우체통을 품고 살리라.

순리대로 살라는 시아버님의 편지를 교훈 삼아 우리 부부가 올바른 길로 가려고 노력하듯이 내 자식들에게는 무엇을 남겨 주어야 할까. 간이역 앞에 있는 느티나무처럼 든든한 버팀목이 되어야 할 텐데…….

시골 간이역의 빨간 우체통과 자주 마주쳐야겠다.

돈에서 묻어나는 것들

은빛으로 빛나는 무궁화가 선연하다.

화폐로서의 가치는 있으나 사용가치는 거의 없는 일 원짜리 동전이다. 나의 무관심으로 서랍 속에 갇혀 있다가 오랜만에 빛을 본다. 작고 가벼운 동전을 접해보지 않은 아이들이 곁에서 신기한 듯 바라본다.

오래전 은행에서 근무할 때의 일들이 생각난다. 업무상 1원이 틀려도 퇴근하지 못하고 원인을 찾아야 했다. 들어오고 나가는 돈이 딱 맞아야 끝나는 하루 업무에서 중요한 수치였던 것이 요즘엔 별 쓰임새 없이 굴러다닌다.

은행에 근무할 땐 돈을 많이 접해 보았었다. 몇 십억 원을 한 번에 만져보기도 했는데 수표에 동그라미만 많지 내게는 한낱 종이에 불과했다.

여러 사람의 손을 돌고 도는 돈에는 갖가지 사연들이 있다. 특히 돈에서 풍기는 냄새는 그 돈을 거쳐 간 이들의 냄새가 묻어있게 마련이다.

한번은 환갑이 막 지났을 촌로가 화가 나서 소리친 적이 있었다.

"땅을 파 봐. 응? 십 원 한 장 나오나."

"사십만 원이면 큰돈이여 뙤약볕에 가서 일해 벌려구 해 봐. 한 달은 고생해야 되는데, 니미."

사십만 원을 입금하겠다고 내민 촌로의 돈과 통장은 젖어있었고 냄새가 역겨워 돈을 간신히 세는데 뭔가가 떨어졌다. 변소에 빠졌던 돈을 건져온 것이었다.

돈의 상태로 보아 통장 속에 돈이 끼어진 채 빠졌을 것이다. 떨어지면서 돈 몇 장 흩어졌을 테고, 수세식이야 문제가 없겠지만 재래식 화장실은 어떠한가. 커다란 나무 몇 개 얹어 놓은 사이사이로 향기롭지 못한 냄새가 풍기고 파리의 조상이 살고 있는 그곳에서 무엇으로 건져 올렸는지는 몰라도 무척 힘이 들었을 테지.

수첩이나 종이 뭉치가 빠졌다면 건졌을까? 똑같은 종이일지라도 현대인들이 노예가 되다시피한 돈만을 건졌을 것이다. 돈은 사실상 종잇조각에 불과하다. 그림과 인물 등을 그려 넣고 위조를 방지하기 위해 은서隱書를 넣거나 셀로판 은박테이프를 용지 내에 삽입하고 법으로써 화폐로 규정하여 강제성을 띤 종잇조각이다.

우리나라 지폐에는 세종대왕, 율곡 이이, 퇴계 이황, 신사임당이 그려져 있다. 이렇게 위대한 업적을 남기신 분들을 지폐에 그린 것은 온갖 사람들의 손때가 묻은 돈은 만져도 돈에 새겨진 존경하는 인물들에게 떳떳하도록, 정당하게 돈을 벌고 또 그 돈을 제대로 쓸 줄 아는 사람이 되라는 뜻이 아닐까?

요즘 길에 떨어져 있어도 경제성이 적어 줍지 않는 1원, 5원, 10원짜리 주화 테두리는 아무 무늬도 넣지 않은 평면형이다. 오백 원, 백 원, 오십 원 주화는 각각 120개, 110개, 109개의 톱니바퀴가 들어 있다고 한다.

지폐보다는 동전과 더 친했을 할머님이 계셨다. 산나물도 뜯고 냉이도 캐서 이천 원 오천 원 소액의 돈을 꾸준히 저축한 십만 원을 손자 등록금에 보탠다고 찾아 가신 분이다. 그 할머니의 손때가 묻은 돈에는 얼마나 많은 삶의 파편들이 묻어 있을까.

소리치던 촌로의 돈에서는 인분 가루가 묻어 있었고, 낮에는 공장으로 밤에는 학교로 열심히 사는 소녀 가장의 돈에서는 값진 땀과 눈물이 묻어날 것이다. 꼬깃꼬깃 접어 고쟁이 속에 보관했던 할머니의 돈은 고향의 향기가 묻어나는 것 같고, 군것질로 낭비하지 않고 단 돈 천 원이라도 은행으로 가지고 오는 어린이의 돈에는 맑고 고운 마음이 묻어 있을 것 같다.

손자 등록금을 위해 산과 들로 다녀 번 돈 십만 원, 뙤약볕에 나가 한 달 일해야 사십만 원을 버는 보통 사람들에게 '억'이란 단어는 얼마나 생소할까. 요즘은 억도 그냥 억이 아닌 오천억, 구천억이다. 몇 백억의 비자금을 받았느니 몇 억이 뇌물인지 성금인지를 묻고 또 묻는다. 돈의 무감각증이 퍼져있다.

많은 돈을 쌓아놓고 일할 때는 돈이 돈으로 보이지 않았다. 내 돈이 아니기 때문이다. 땀 흘려 번 월급만이 소중한 돈이었다. 그러나 남들보다 월급을 많이 받아서 그랬는지 그 당시엔 어려운 이웃을 돌아볼 새도 없이 위만 보고 살았다. 돈으로 침대는 살 수 있지만 잠은 살 수 없고, 장식품은 살 수 있지만 아름다움은 살 수 없고, 책은 살 수 있지만 두뇌는 살 수 없는데도 돈이면 모든 것이 다 되는 줄 알았었다.

가치 있게 쓰지 못한 돈은 물거품처럼 사라졌다. 인공수정으로 자식을 얻기 위해 은행을 그만둔 지 17년, 지금은 발품 팔아가며 힘들게 돈을 벌고 있다. 서랍 속에 굴러다니는 1원짜리 인생이 아닌 가치 있는 삶을 살기 위해 나는 오늘도 열심히 뛰고 있다.

낮은 곳에 서고 보니 눈과 마음이 열리기 시작했다. 그리고 주위를 돌아볼 여유가 생겼다. 치장은 허술하지만 마음이 따뜻한 이들이 있다. 내가 둘을 가졌으면 하나를 나누고, 남이 두 개의 등짐을 지고 있으면 한 개를 덜어줄 줄도 안다.

내 손을 거쳐 간 돈에서는 무엇이 묻어나올까? 진정한 삶의 향기였으면 싶다.

태 항아리

세월의 저편으로 묻힌 줄 알았다.

슬픔과 행복의 조각들로 끼워 맞춰진 것이 인생이라면 현재의 행복이 과거의 슬픔쯤은 덮어 버린 줄 알았다.

박물관에 도착해서 유리창 너머 한쪽 구석에 볼품없는 모습으로 놓여있는 태 항아리를 보았을 때부터 시간은 거슬러 올라가고 있었다. 거센 파도가 몸을 휘감은 듯 움직일 수가 없었고 어둠 속에서 포효하던 내 울부짖음이 귓전을 때린다.

한밤중 부른 배를 움켜잡고 병원을 찾았을 때, 인연이 아니었는지 세상의 밝은 빛을 보지도 못하고 뱃속에서 숨져간 아이들이 있었다. 결혼한 지 팔 년 만에 어렵게 얻은 태아였기에 그 슬픔은 이루 말할 수가 없었다. 태어나고 죽는 우리 인생이 얼마나 허무한 것인지, 원을 그리며 수없이 떨어지는 빗방울을 보고 삶이란 저렇게 목표를 향해 뛰다가 흘러가 버리는 것이 아닐까 하는 생각만 하던 그때.

아스라한 기억 저편의 일인 줄 알았었는데, 태 항아리를 보는 순간 마치 어제일인 듯 생생하게 떠오르는 것을 보면 잠재의식 속에 자리하고 있었나 보다. 만물이 생성과 소멸을 반복하듯 인간도 태어나면 누구나 죽는다는 걸 애써 외면했는지도 모른다.

목표를 완성해서인지 긴장의 끈을 놓아버려 축 처진 내 아랫배에 양수를 몇 번 담았었던가. 배를 가르고 생명의 끈을 잘라낼 때마다 몸과 마음은 지칠 대로 지쳐 잠시 둥지를 틀었다 가는 태아들까지 신경 쓸 겨를은 없었다.

그러나 칠 개월 만에 잘못된 아이들은 달랐다. 아기들은 화장터로 보내는 데 한 명당 십만 원씩이라고 하였다. 나와 인연이 닿지 않은 아이들은 쌍둥이였으니, 간호사는 미안해서 어쩔 줄 모르며 두 명이지만 한 사람 몫만 받겠다고 하였다. 태아는 탯줄을 통해 어머니의 태반과 연결되어 있다. 그만큼 모태와 한 몸이 된다. 칠 개월 동안 나랑 호흡하다가 안아보지도 못하고 눈 한번 마주치지도 못한 채 보내는 것도 미안한데 가는 길의 삯마저 덜 주고 싶지 않아 손사래를 저었었다.

병원에서 애써 눈물을 삼키고 있는 내내 시어머님의 편치 못한 시선은 나를 따라다녔다. 애 하나 간수 못해서 저세상으로 보낸 것만으로도 하실 말씀이 많으신데, 묘를 만들어 주자는 당신의 청을 받아들이지 않고 화장을 시켜서이다.

가까운 곳에 묻어두고 자주 찾아가 어미의 죄를 참회하며 살고 싶어서 시어머니의 뜻을 따르려고 했었다. 하지만 그것 또한 집착이며, 그런 참회의 눈물이 얼마나 갈지 의문이었었다.

발길이 멈춘 박물관의 태 항아리는 두 개가 놓여있다. 허리춤이 얄쌍한 모양새에 녹청색과 연한 갈색이 흐르는 듯 배색된 분청사기 태 항아리粉青沙器胎壺는 손잡이와 고리까지 달리고 사발모양의 제대로 된 뚜껑까지 덮여있다.

그에 비해 크기도 작고 가장자리가 돌려가면서 깨진 뚜껑에 때깔도 회청색을 띠고 있는 백자 태 항아리. 소박하지만 은근한 빛이 있는 것도 아니고 꾸밈없이 수더분한 분위기가 있는 것도 아니다. 그런데도 온전한 모양을 갖춘 태호보다 백자항아리에 눈길이 가는 건 어미 몫을 다하지 못한 죄스러움 때문일까. 혼신을 다해 빚었을 도공의 숨결이 아닌 어딘가에서 떠돌고 있을지도 모르는 어린 영혼을 태 항아리에서라도 붙잡고 싶은 마음에서일까.

세월의 흔적인가. 금이 간 듯 제멋대로 그어져 있는 백자항아리의 선이 아랫배의 터진 살 같다. 항아리가 태를 보호하는 본분에 충실하다 금이 갔다면 줄 쳐진 내 아랫배는 생명을 잉태하고픈 어미의 열망이 넘쳐서이다. 자식에 대한 열망은 생명의 나무 뿌리와 같아서 물줄기를 품어 올려 꽃을 피웠다.

여자는 어머니 뱃속에 있는 태아 때 평생 쓸 난자가 만들어져서 태어나는 순간부터 노화된다고 한다. 그렇다면 다시 몸추스려서 낳은 지금의 남매쌍둥이는 삼십칠 년 동안이나 노화된 난자로 태어났다.

쌍둥이가 태어날 때 태를 자르고 묶어두었던 배꼽을 소중히 보관했다 가끔씩 꺼내보곤 한다. 조상들처럼 태 항아리에는 못 두어도 한지로 곱게 싸 보관하고 있다.

우리 조상들은 태를 생명의 근본으로 생각했기에 함부로 버리지 않고 항아리에 담아서 청결한 곳에 묻거나 불에 태웠다. 혹은 흐르는 물에 띄워 보내기도 하였다. 특히 왕가에서는 왕족의 남아가 탄생하면 아기의 태를 자른 다음 백자 같은 멋스러운 항아리에 담아서 매장했다고 한다.

탯줄은 아니더라도 쌍둥이가 태어나서 일주일 만에 떨어진 배꼽을 곱게 보관함은 아이들이 컸을 때 사진 속의 추억과 함께 어미의 체온을 느껴보게 하기 위해서인지도 모른다.

가끔 변비로 고생하는 사내아이의 배꼽 주위를 둥글게 문질러줄 때면 기분이 묘해진다. 탯줄을 통해서 나와 연결되어 있었던 곳이라 그러한가. 내 배꼽은 친정어머니 자궁의 일부며, 어머니는 그 어머니의 흔적……. 핏줄이 당긴다는 말은 보이지 않는 탯줄이 우리 배꼽에 남아 있어 자석처럼 끌리는 것이 아닐까.

배꼽은 생명의 시작이며 중심이다.

탯줄에 연결돼 엄마 뱃속에서 둘이 자랐다는 말에 쌍둥이는 무척 신기해한다. 울룩불룩한 뱃살을 떳떳이 내놓고 사과꼭지처럼 움푹 들어간 배꼽을 보여주면 다시 뱃속에 들어가겠다고 아이들은 머리를 들이밀곤 한다.

가슴 한쪽이 시려온다. 함께할 인연이 되지 못하고 저세상으로 떠나간 아이들 몫까지 듬뿍 사랑을 주리라 마음먹는다. 그러면 다시 태 항아리를 볼 때 담담한 마음으로 볼 수 있을는지.

깨지고 금이 간 태 항아리가 할 일 다한 자궁 같다.

풋감

밤새 비바람이 운다.

툭 툭 툭 풋감 떨어지는 소리에 잠을 설친다. 세찬 폭우를 견딜 수 있을지 허름한 시골집 걱정보다 생을 마감하는 풋감이 못내 안쓰럽다. 기와지붕일 때에는 가지를 떠난 감이 기왓골에 걸렸었는데, 슬레이트 지붕에서는 또르르 굴러 바닥으로 떨어진다.

이른 아침 뒤뜰과 연결된 한지 문을 여니 언제 그랬냐는 듯 부지런한 여름햇살이 감나무에 걸쳐있다. 땅바닥에는 전날 밤의 고난을 견디지 못하고 여기저기 떨어진 풋감으로 가득하다. 한번의 낙화로 버림받은 푸르른 생들. 떨떠름한 풋내가 빗자루에 실려 온다.

풋감을 모아 놓고 보니 잃어버린 내 꿈들이 거기 있다. 사람은 저마다 꿈을 가지고 살아간다. 무엇이든 해낼 것 같이 자신감 넘치던 이십 대, 그래도 노력하면 못 이룰 것 없다고 생각하며 삼십 대를 지나 왔다. 사십 대는 풍부한 경험과 연륜을 쌓아 여유로운 인간관계를 형성하는 시기라고 하는데 난 과연 그럴까? 이십 대에서 바라보았을 때는 정말 그런 줄 알았다. 그런데 사십이 되어보니 이루어 놓은 것도 없고 적당히 느슨해진 채 꿈도 사라져 버렸다.

나이가 들면 마음도 함께 늙는 줄 알았는데 그렇지가 않은가 보다. 봄바람이 살랑일 때면 알 수 없는 그리움에 몸 뒤채이고, 비라도 주룩주룩 내리는 날이면 낙숫물 소리 벗 삼아 차 한 잔 손에 들고 창가에 몸을 기댄다.

비 내리는 창밖을 바라보다 뜬금없이 눈물 흘리는 나를 보고 생긴 대로 살라고 말을 하는 이도 있다. 나이가 든 만큼 펑퍼짐한 몸매에다 언제나 씩씩하게 다니는 내가 감성하고는 거리가 멀게 느껴져서일 게다.

꼭 쥐고 있던 꼭지를 놓은 풋감의 자리가 환하다. 연노란 감꽃이 피었을 때는 꿈도 많았을 텐데……. 꽃이 지면서 밀고나온 감은 가을볕에 튼실하게 익을 자신의 모습을 상상하였으리라. 높푸른 가을 창공에 거칠 것 없이 뻗은 가지에서 주홍빛 자태를 뽐내고 싶었을 것이다. 아! 생각만 해도 얼마나 멋진 모습인가.

꿈을 놓쳐버린 풋감 밑에 먼저 떨어진 감이 썩어가고 있다. 살짝 건드리자 포식을 하고 있던 작은 곤충들의 움직임이 부산하다. 그 미물들에게 푸르른 꿈이 먹히고 있다. 꿈은 못 이루었을지라도 거름이 되고 있는 풋감. 잘 익은 홍시나 감 타래에 말려지는 곶감은 못 되었어도 굶주린 그 무엇의 양식이 되는 보시의 삶.

풋감 덕에 풋꿈이 꿈틀거린다.

산사山寺에서

비 오는 날의 산사는 고즈넉하다. 툇마루에 걸터앉아 자박자박 내리는 빗소리를 들으니 마음이 차분히 가라앉는다. 얼마 만에 느껴 보는 편안함인가.

이른 시간이지만 저녁 공양을 준비하던 보살님이 솔잎차를 내오신다. 따스하게 전해오는 찻잔의 온기. 맑은 솔잎의 향이 코끝을 스친다. 혀끝에 와 닿는 솔잎차의 감미로움을 느끼며 이 산사에 처음 왔을 때를 생각해 본다.

아들 내외가 몇 년 동안 직장만 다니고 손주소식이 없을 때 시어머님은 이곳 절로 우리를 데려왔었다. 스님께서 자식은 꼭 필요하다는 말씀을 해 주길 기대하셔서다. 그러나 자녀들의 행동 양식을 책임지지 못할 거라면 안 낳느니만 못하다고 하셨다. 낳기만 했지 제대로 된 교육을 시키는 부모가 요즘 몇이나 되느냐는 말씀이시다.

섬돌 위에 신발을 허둥지둥 신으시던 어머니는 얼굴빛이 밝지 않으셨었다.

십 년이란 세월이 흐른 지금에서야 아들 딸 쌍둥이를 안고 이곳에 왔다.

비를 맞으며 일주문을 들어섰을 때 손자를 안은 어머니는 거의 뛸 듯한 걸음걸이셨다. 돌담길을 따라서 스님의 방으로 갈 때도 비 내리는 것은 아랑곳하지 않는다.

장지문을 연다. 조용히 미소 짓고 계신 스님 뒤로 쌍둥이가 걸어다닐 때마다 책이 흐트러지고 잿빛 승복이 떨어졌다.

붉어진 얼굴로 한 팔에 한 명씩 안고 요사채 처마 밑을 돈다. 굴뚝이나 지붕, 서까래까지 화려하지 않으면서 단아하다. 처마 밑으로 떨어지는 빗물은 그동안 자식이 없어서 흘리던 내 눈물 같아 심금을 울린다.

귀한 자식인 만큼 해 달라는 것은 무엇이든 해 주고 싶었다. 그러나 이제 막 걸음마를 뗀 아이라도 스님의 말씀대로 올바르지 못한 행동은 가르쳐 줘야 되겠다고 다짐한다. 사랑도 미움도 지나쳐서는 안 된다. 귀한 자식일수록 매를 들라는 말을 새겨 보면서.

엄마가 무슨 생각을 하고 있는지 모르는 아이들은 신이 났다. 들썩이는 몸무게가 팔에 더해져 금방이라도 주저앉을 것 같았지만 꾹 참는다. 내 팔이 무거워도 좋으니 탈 없이 건강하게 자라 주었으면 하고 처마 밑을 돌며 빌어 본다.

요사채에서 징검다리처럼 놓인 돌을 밟으며 법당으로 간다. 일주문을 들어섰을 때부터 시어머님은 줄곧 손자를 안으신다. 한 가정의

대를 잇는다는 것이 얼마나 큰 의미가 있는지를 다시금 느낀다.

시아버님도 그러하셨다. 언젠가 차례를 지낸 후 아버님은 성묘를 가자고 하셨다. 비가 내리는 저녁나절인데도 손자를 데리고 가길 원하셨다. 딸은 어머님이 집에서 보시고, 아들을 등에 업고 산길을 올라가면서 왜 꼭 아들을 데리고 가야 하는지 생각을 하였다. 어둑해진 산에서 처음으로 고조할아버님 산소에 절을 올렸다. 묘비 글을 읽어 주시고 할아버님에 대해서 말씀하시는 아버님의 음성은 잔잔히 떨고 계셨다. 그제서야 아버님의 심중을 이해할 것 같았다. 십 년 만에 대를 잇게 되었으니 이제야 조상님께 면목이 섰을 테다.

할아버님께서도 자식이 없어 새로 사서 신고 간 버선이 닳도록 절을 하여 아들 형제를 얻으셨다고 한다. 나는 절을 백팔 번만 해도 힘들어서 지쳤는데 버선이 닳을 정도면 몇 만 번을 무릎 꿇어 절을 올리셨을까. 버선이 닳도록 절을 올린 할아버님이나, 내가 마음속으로 수천 번도 더 자식을 원했던 그 간절함은 다를 것이 없을진대, 세월은 그 무엇도 남기지 않은 채 무심하게 흘러만 간다. 세월은 가고 또 오는 것이란 사실은 접어 두고 속절없는 그리움에 묘비를 어루만져 보았다, 세월의 흔적을 말해 주듯 이끼가 끼어 있고 비바람에 글자가 닳아 있어서 마음이 애달팠었다.

법당에 향을 사른다. 묵상默想한 채 향연香煙 속에 잠기면 마음이 평온해진다. 욕심에 얽매어서 아옹다옹하던 일들이나 그동안 힘들게 했던 마음의 찌꺼기는 어느새 사라지고 없다. 처마 끝에 매달린 풍경이 바람결에 '댕그랑 댕그랑' 내는 소리를 들을 때처럼 무심해진다.

은은한 여운을 남기며 울리는 맑은 풍경 소리는 마음의 빗장을 열게 한다. 그동안 아기가 잘못될 때마다 내 몸에 늘어나던 수술 자국과 마음의 상처가 스멀스멀 기어 나온다. 자식이 없어서 안으로 침잠해버린 나의 언어들. 마음은 굳게 닫혀 할 말들을 제 안에 수북하게 가두어 놓았다. 우물에 돌을 던지면 파문이 일 듯 누군가 자식 얘기만 하면 내 가슴은 소용돌이치며 폭풍우로 변했었다. 완전한 가정은 부부와 자식이 있어야 완성된다는 어느 화가의 말이 내 귓전을 항상 맴돌았었다.

시부모님은 자식을 못 낳는다고 핀잔을 주는 법이 없이 오히려 나를 위로해 주셨었다. 그래도 맏며느리로서 한 집안의 대를 잇지 못한다는 것에 대해 항상 죄스러웠는데 늦게나마 소망을 이루어서 다행이었다.

내 인생으로서도 아직 부족한데 자식을 낳음으로써 소중한 '어머니'라는 이름을 얻었다. '어미야.' '엄마.' 소리가 얼마나 사무치게 그리운 단어였던지. 아직도 그 소리를 들으면 내 마음 속뜰이 따스해져 온다. 이제는 마음의 문을 열어 그동안 가두어 놓았던 언어들을 실타래 술술 풀 듯 하나하나 꺼내련다. 가슴속 깊이 두레박줄을 풀어내려 그 아득한 밑바닥에 고인 앙금 담아서 맑게 헹굴 것이다. 서글픈 추억의 편린들일랑 풍경 소리에 담아 멀리 실어 보내고 깨끗한 여백으로 남겨두고 싶다. 내 아이들과 같이 그려나갈 내일을 위해서.

묵상을 하고 난 뒤에 오는 청정함이랄까. 고뇌하던 나 자신을 모두 버리고 더하지도 빼지도 않은 자연 그대로의 상태로 돌아가고 싶음이다. 본래의 참모습으로 그려 나갈 미래는 어떤 모습일까. 진솔한 삶이었으면. 그리하여 먼 훗날 자손들에게 비쳐질 내 행적이 부끄럽지 않은 삶이었으면 싶다.

달 밝은 밤에

복선아, 병수야!

창가에 비쳐드는 달빛이 밝아 겉창은 열어두었다. 전등불을 끄고 은은한 달빛을 안방으로 초대하였지. 팔베개를 하고 누워서 달구경을 하니 좋아하는 너희들. 가만히 귀 기울여 보렴. 들녘에서 달빛을 받아 배추 속 쏙쏙 여무는 소리 들리지 않니?

엄마가 어릴 적에 오늘같이 달 밝은 밤이면 동네아이들은 모두 모였단다. 남자 여자 상관없이 비슷한 또래끼리 편을 갈라 숨바꼭질을 하였지. 숨는 팀은 동네 어디든 숨을 수 있었단다. 장독대나 건조실, 들판 마음대로 숨으면 찾는 팀은 곳곳을 다니며 찾곤 하였어.

들판이나 산 아래에 있는 방죽에 숨어 있으면 달빛에 어린 주변의 풍경은 한 폭의 수묵화였단다. 산언저리를 따라 펼쳐진 옥수수나 목화송이에 물결치는 달빛이며, 눈이라도 내린 듯 하얗게 펼쳐진 메밀

밭에 어린 달빛은 가슴을 울렁이게까지 하였단다. 계곡을 흐르는 물위로 부서지는 여울의 은빛이며 불어오는 바람까지 달과 교감을 나누는 듯 나른하게 온몸을 에워싸면 얼마나 푸근하던지.

겨울밤이 되면 마을은 아이들 뛰어노는 소리로 들썩거렸단다. 숨바꼭질을 하다가 배가 출출해지면 밥 서리를 하였지. 부엌에 있는 가마솥 뚜껑을 소리 안 나게 잘 열어서 밥을 가져오고 땅에 묻은 항아리에서 김치를 가져왔어. 화롯불에 큰 그릇 올려놓고 들기름을 넣어서 밥을 비벼먹는 맛이란. 여럿이 수저가 들락날락 하다보면 금세 바닥이 드러나고, 얼마나 맛이 있던지 빈 수저만 쪽쪽 빨면서 더 먹었으면 하고 긴 여운을 남기기도 하였지.

함박눈이 내려 하얀 세상이 되면 각자 비료포대 하나씩 들고 모였단다. 비탈길에서 포대에 몸을 싣고 미끄럼을 타다 보면 얼마나 스릴있고 신나던지. 요즘 아이들 롤러스케이트 타는 것이나 컴퓨터 게임보다 훨씬 재미있었단다.

옛날에 엄마가 살던 시골이라는 여건은 같은데 요즘 시골은 그때와는 많이 다르구나. 우선은 너희들과 뛰어놀 친구들이 많지 않다는 것이 제일 서글프다. 친구들이 있다고 하여도 엄마가 하던 숨바꼭질 같은 놀이보다는 컴퓨터 게임이나 TV에서 만화 보는 것을 더 즐기고 있지.

엄마는 집안에서 노는 놀이보다는 자연을 벗 삼아 노는 놀이를 했으면 한다. 엄마가 옛날에 그랬던 것처럼 자연과 더불어 뛰어놀면서 건강하게 자라주었으면 하는 것이 엄마의 소망이야. 어두우면서도 밝은 달처럼 주위에 빛을 주고, 밤하늘에서 영롱하게 빛을 발하는 별처럼 총명하고 빛나게 자라 주었으면 한단다.

달빛만이 창문으로 넘실거리고 사위가 조용한 이 시각. 엄마 이야기를 자장가 삼아 새근새근 잠들었구나. 살짝 감긴 눈에 길게 뻗은 속눈썹, 발그레한 볼, 앙증맞은 손까지 어쩜 이렇게 예쁠 수가 있을까.

창가에서 둥근 달도 잠든 너희들을 보고 미소 짓고 있구나. 초겨울의 차가운 바람을 닫고 달빛을 이불깃에 담아 덮어주마.

3

우물가

이름

항아리

참깨를 털며

극락이 따로 있는가, 마음이 극락이지

연꽃과 진흙

마음의 길을 열다

우리는 하나

세월에 길을 묻다

오천 원권의 어머니

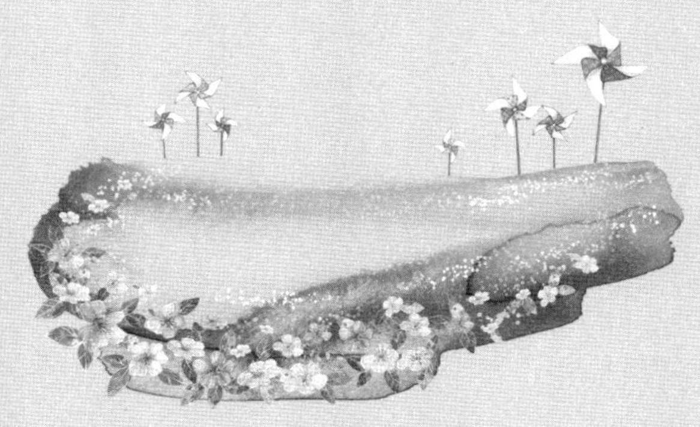

우물가

우물을 가만히 들여다본다. 깊지 않은 물에 바닥은 모래와 자갈로 된 타원형이다. 땅속 어디에서 맑은 물이 끊임없이 솟아 나올까. 아무리 가물어도 마른 적이 없다고 하니 신비로운 느낌마저 든다.

우물가에 우뚝 서 있는 느티나무에서 떨어진 것인지 색이 바랜 나무 잎사귀 두둥실 떠 있는 우물은 땅에 있으면서도 하늘을 담고 해와 달을 담아내기도 한다. 있는 그대로를 보여주는 깨끗한 마음이 전해져온다.

우물은 맑아서 하늘을 담는다지만 난 무엇을 담을 수 있을까. 인간의 마음은 무한해서 우주를 담고도 남을 넓은 마음을 가지고 있다지만 요즘의 내 일상은 바늘도 담을 수 없을 만큼 옹졸해 있다.

넘친 물은 옆에 있는 빨래터로 흘러가지만 우물이 담고 있는 것이 어디 자연뿐이랴. 그 옛날 우물가로 모여든 여인네들의 삶의 애환과 고통까지 담고 있을 터이다.

흐르는 시간과 같이 우물의 물이 쉬지 않고 계속 솟아날 때 우물가에 있는 느티나무도 항상 같이 있었겠지. 그 옛날 물동이를 머리에 이고 오가던 아낙들은 떠나고 없어도 우물가에 오랫동안 뿌리내리고 있는 느티나무는 그네들의 몸짓이나 말을 누구보다도 잘 알고 있을 것이다.

남편에 대한 미움이 있을 때 빨래방망이에 힘을 주어 힘껏 내리치다 보면 산다는 것은 다 그런 것이라면서 흔들리는 마음을 잡아주었던 일이라든가, 더위 피해서 나온 아낙들이 달밤에 멱을 감을 때의 속살까지도 기억할 테다.

김홍도의 풍속화첩에 우물가라는 그림이 있다. 갓은 뒷짐에 걸어두고 망건만 쓴 나그네가 여인에게 우물가에서 물을 받아 마시는 모습이다. 가슴팍을 풀어헤친 채 두레박 물을 들이켜고 있는 남정네를 차마 똑바로 쳐다보지도 못하고 고개를 살포시 돌리고 있는 아낙네 옆에는 물동이가 놓여있다.

당시의 생활상을 보여 준 그림처럼 이 우물도 예전에는 우리 마을의 공동식수였다. 물동이 이고 와서 물을 긷고 보리쌀이며 푸성귀를 씻던 곳이다. 물질의 풍요로움이 우물을 찾지 않을 정도로 편리해졌지만 이곳은 지금껏 맑고 깨끗한 물이 솟아나오고 있어 빨래터로나마 아낙네들을 맞고 있다.

어머니의 뱃속에 있던 양수를 그리워함인가. 빨래터에서 종이배를 띄우는 아이들은 신이 났다. 물만 보면 뛰어드는 아이들은 옷가지 벗어 던지고 발가벗은 몸으로 배를 호호 분다. 사람 사는 이치와 같은지 종이배는 조금 떠내려가다가 금방 물에 가라앉는가 하면 흐르는 물 따라 순조롭게 떠가기도 한다. 지금껏 내 삶은 물에 젖어서 허우적대는 종이배였지만 내 아이들의 앞날은 순풍에 돛달듯이 순조로운 편한 길이었으면 싶다.

이제는 삶의 전부가 되어버린 아이들을 우물물로 세수시키니 상큼한 기운이 전해온다. 아이들의 해맑은 미소가 나를 동심으로 이끈다면 우물처럼 맑게 고여 있는 물은 내 마음을 비워주는 거울 같다. 맑고 투명한 물같이 깨끗한 순백의 마음을 비춰주면 좋을 텐데, 사는 것에 지치고 아이들한테 시달린 흐린 마음일 것이다.

우물은 마르지 않아야 제 몫을 다한다. 깊은 땅속에서 깨끗한 물이 끊임없이 솟아 나오듯 우리의 마음 또한 퍼내도 고갈되지 않는 물기를 품고 있어야 삶이 윤기가 있다.

지금은 우물이 낮아서 바가지로도 뜰 수 있지만 예전에는 두레박으로 깊은 우물 속의 물을 길어 올렸다고 한다. 우물의 깊이는 돌멩이를 던져 돌이 물에 닿을 때 소리의 울림과 시간으로 물의 양과 우물의 깊이를 알 수 있다. 내 마음은 어떤 깊이일까. 타인의 말에 상처받고 가슴 아파하는 것을 보면 얕은가 보다. 깊고 풍부한 우물은 돌멩이에 의해 밑바닥에 가라앉았던 침전물이 떠올라도 바로 가라앉혀 맑게 하는 힘이 있다. 이제 그만 침전되어 있는 앙금만큼 깊은 영혼 속으로 줄을 내려서 두레박에 담아 올려 맑게 하고 싶다.

우물의 오랜 시간만큼이나 나이테를 가진 이끼가 우물가를 덮고 있다. 우물가를 매일 청소하는 부지런한 손끝에 장미와 분꽃, 맨드라미, 이름도 모를 들꽃들이 항상 피고 진다. 느티나무 이파리 물들 때면 단풍잎은 빨간색으로 치장하고 국화꽃이 활짝 피어서 빨래를 하러 오는 이들에게 향기를 전해주곤 한다.

쌍둥이가 태어나기 전에 입양을 생각해 본 적이 있었다. 그러나 남의 자식 키우기는 어딘가 좀 거북스럽다는 느낌이 들어서 아이가 없으면 그만이라고 포기했었다. 혈통을 중요시하는 우리네 정서에 잘 적응할 수 있을지 두렵기도 했다.

내가 아기가 잘못되어서 병원에 입원할 때면 나도 너처럼 잘못되어도 좋으니 한번이라도 임신을 해 보는 것이 소원이라며 울먹였던 친구는 입양을 하였다. 입양을 결정하기까지 많은 갈등을 하였겠지만 어느 누구보다 친구는 행복하게 살고 있다. 자식이 있는 삶은 자식으로 인해 괴롭고 없으면 없는 대로 고통이지만, 없는 것보다는 있는 것이 더 좋은 것 같다.

마음이 심란할 때나 쌍둥이 노는 것을 감당하기 어려울 때면 우물가에 오곤 한다. 아이들이 재미있게 놀고 나 역시 마음이 편안해져서 자주 찾지만 무엇보다도 자꾸만 변해 가는 내 이기적인 마음을 다스리고 싶어서이다. 내 자식보다는 어른을 공경하고 메말라 가는 내 가슴 촉촉해지기를, 칼날같이 세운 마음 부드러워지기를 바라곤 한다.

빈 두레박을 내려서 물을 퍼 올렸을 옛 아낙들이 필요한 만큼만 넘치지 않게 물을 길렀듯 욕심 부리지 않고 작은 것에도 만족하면서 살고 싶다.

우물가에는 오늘도 벌거벗고 노는 아이들의 웃음소리가 싱그럽다.

이름

사람은 누구나 자기만의 독특한 빛깔과 향기가 있다. 그중엔 이름도 포함되지 않을까. 이름을 불렀을 때 느껴지는 어감이 그 사람의 운명을 결정하기도 한다.

첫인상을 좋게 보이고 싶은 사람에게 이름을 소개할 때면 한 번에 알아듣는 이가 없어 난처하다. '모'를 '오'라고 하고 '임'은 인, '득'은 '덕'으로 해서 '오인덕'이라 부르고 쓰는 분들이 많다. 사진 인화를 한다거나 별로 중요하지 않은 일에는 받아 적는 이가 쓰는 대로 내버려두다 보니 각양각색의 이름이 많다.

궁리 끝에 모임득 하고 석 자를 동시에 부르지 않고 모임할 때 모임 있죠? 거기다 끝에는 득자예요. 하면 펜을 들고 멍하니 바라만 보고 있으니 아예 명함을 보여 주었다. 그러면 이름이 특이하네요, 독특하네요 하며 누구나 한마디씩 한다. 물론 입가에는 뜻 모를 미소를 띠면서…….

하얀 천에 이름을 써서 가슴에 달고 초등학교 입학 때부터 내 이름은 수난을 당하였다. 두 글자로 발음해도 힘들고 세 글자로 발음해도 어색하긴 마찬가지다. 그때부터 내 이름에 대해 심한 불만을 가지고 이름을 지어 주신 할아버님을 원망한 적이 많았다.

미선, 숙자, 미경이 하면 부르기도 좋은데 왜 하필 임득일까? 난 나름대로 이름을 지었다. 동네 오빠들이 모택동 손녀딸 지나간다고 놀릴 때나, 이름에 대해 열등감이 있을 때마다 속으로 내 이름은 모영희야 하며 위안을 받기도 하였다.

중학교 때의 일이었다. 자율 학습시간에 너도나도 도시락을 꺼내 먹다가 주임 선생님께 들켰다. 양심을 속이지 말고 자수하라는 말씀에 일어서고 보니 자로 손바닥을 한 대씩 때리셨다. 몰래 앉을까 말까 망설이는 사이 내 차례가 되었는데 명찰을 본 선생님께선 "허허 모이면 득이 있는 겨."라며 웃으신다. 처음 듣는 내 이름풀이에 교실은 한바탕 웃음바다가 되었다. 그로 인해 선생님의 체벌은 멈췄다. 흔치않은 이름 덕에 매를 면한 동무가 많았으니 지금 생각해 보면 좋은 추억이 된 것 같다.

사회인이 된 지금은 그때의 기억을 되살려 공식적인 자리가 아닌 곳에서 이름을 소개할 때면 "모이면 득이 되는 모임득입니다." 하고 소개한다. 그러면 내 이름이 하도 특이해 한 번 들으면 잊히질 않는다고 한다.

이름 석 자는 업적의 크고 작음에 관계없이 모두가 자기 삶의 흔적이 담겨 있기에 소중하다.

무엇을 잘못했으면 이름에 먹칠을 한다고 한다.

이름이 독특하니 남들이 기억하기에 좋다. 행여 나쁜 행동으로 이름이 널리 알려져서는 안 될 일이 아닌가. 점점 나이가 드니 그 누구에게도 누가 되지 않게 살려는 노력을 하게 되다. 그것이 올바른 길이기 때문이다.

희성인 모씨 하면 모牟택동을 떠올리는데 나는 시인 모毛윤숙 씨를 내세운다. 어렸을 적 동네 오빠들 앞을 지나갈 때 "어이 모택동 손녀딸 지나간다." 하고 놀릴 때면 어린 마음에 모택동은 나쁜 사람이라는 인식이 있어서 죄인이라도 된 듯 고개를 푹 숙이고 도망치던 기억 때문인지도 모른다.

매스컴에서 모씨 성을 가진 선수나 리포터가 나올 때면 그렇게 반가울 수가 없다.

그러나 이름을 밝히길 꺼려할 때 X모 씨 하며 많고 많은 글자 중에 '모' 자를 쓰는지 기분이 언짢다. 특이나 범죄자들을 칭할 때면 더 그러하다. 정 이름을 밝히고 싶지 않으면 X씨 Y씨 하던지…….

언젠가 오랜만에 만난 지인이 컴퓨터에서 내 이름을 보았다고 한다. 호기심에 검색해 보았다. 신인상 수상 소식, 신문에 낸 책 소개글, 신춘문예 후보, 문학상 소식을 보는데 선명한 모임득 세 글자가 눈에 띄었다. 무얼까 궁금해 하며 클릭해 보니 '이번 주 모임은 득이네 집으로 가기로 했다.'와 '이 모임 득분에 즐거운 시간이었습니다.'였다. 모임 덕분에를 써야 하는데 오타였다. 그러면 그렇지 내 이름과 똑같은 이가 또 있을까 생각하면서도 두려운 마음이 들었다.

세상에 태어날 때부터 부여받아 개명하지 않는 한 영원히 불리어

지고 있는 이름은 그 사람 자체이다. 어떤 사람의 인격을 존중한다는 것은 곧 그의 이름을 존중한다는 것과 같은 뜻이 되기 때문이다. 명예나 지위를 높이려고 애쓰는 것도 결국은 이름 석 자를 높여 남에게 알리기 위함이 아닐까. 그러나 세상에 이름을 떨치는 삶만이 가치 있지는 않을 것이다. 드러내 놓은 이름이 아닐지라도 초야에 묻혀 기개를 높이다 가신 분들은 주위에서 얼마든지 볼 수가 있다.

나만의 빛깔에 특이한 이름 석 자를 보태어 향기로운 인생이 되도록 노력해 볼 일이다.

항아리

파란 하늘에는 새털구름이 유유히 떠다니고 초여름의 눈부신 햇살은 시댁의 툇마루에 찾아든다. 집안일을 부산하게 끝내고 마당가에 내려서니 하오의 햇살을 받고 있는 감나무에서 파란 감이 뚝뚝 떨어지고 있다.

감나무 옆에는 장독받침으로 놓여진 돌 틈으로 봉선화와 채송화가 피어 있고, 댓잎 서걱이는 소리와도 같이 쏴아— 한 바람을 맞고 있는 장독대에는 크고 작은 항아리들이 옹기종기 모여 있다.

이 장독대에 놓여 있는 항아리 뚜껑을 열어 보는 것이 시댁에 들르는 즐거움 중의 하나이다. 된장 간장이 담겨 있는 큰 항아리, 밑반찬을 담고 있는 작은 항아리, 특히 겨울로 접어드는 길목엔 시어머님의 손맛이 항아리마다 담겨 있다. 깻잎이 재어 있기도 하고 단무지, 동치미, 고들빼기김치, 새로 담근 맛깔스런 고추장이 담겨 있기도 한다. 바닥으로 떡시루, 술병, 뚝배기 등이 놓여 있다.

뚜껑이 열려져 있는 항아리를 보니 항상 열려 있는 내 입을 생각해 보았다. 쏟아진 물과 같이 주워 담을 수 없는 말을 필요 이상으로 하고, 아무 생각 없이 말을 내뱉고 집에 와서 조용히 생각해 보면 허전하다. 너무 나 자신을 드러내 놓고 있는 느낌이어서일까.

법정法頂스님은 아무리 소중하고 귀한 것일지라도 입 벌려 쏟아 버리고 나면 빈 들녘처럼 허해질 뿐이라고 하였다. 그리고 어떤 생각을 가슴속 깊은 곳에 은밀히 간직해 두면 그것이 씨앗이 되어 싹이 트고 잎이 펼쳐지다가 마침내는 꽃이 피고 열매를 맺게 될 것이라고 하였으니 이제부터라도 내면의 생각을 말로 표현하기보다는 씨앗으로 잉태하기 위해 가슴에 간직해 둬야겠다.

장독대 맨 뒤쪽으로는 시할머님이 쓰시던 물두멍이 자배기로 덮여져 놓여 있다. 한복을 입은 여인의 자태같이 다소곳하게 놓여 있는 물두멍을 보니 비녀 꽂고 쪽 찐 머리로 단장하신 시할머님이 분주히 부엌을 드나드셨을 모습이 상상된다.

항아리 중 유독 큰 물두멍은 부엌 한쪽에 놓여 있었을 것이다. 저 큰항아리에 물을 채우시려면 이른 새벽부터 우물가로 향하셨을 테지. 우물가에서 두레박으로 갓 길어 낸 시원한 물을 질그릇 물동이에 담아 와서 항아리에 가득 채웠으리라.

부엌 시렁에는 유난히 귀여워하는 손자를 주려고 둔 꿀 항아리가 놓여 있고 부뚜막에 놓인 찬장에는 갖가지 양념이 작은 항아리에 담겨 음식에 맛을 냈을 것이다. 내가 결혼하던 때만 해도 시댁은 시할머님이 분주히 드나드시던 부엌 그대로였다. 키가 큰 나는 머리를 숙이고 들어가서 아궁이에 불을 지펴 물을 데워 쓰고 난방도 하였다.

날씨가 몹시 추웠던 날로 기억된다. 부엌에서 손을 호호 불며 음식을 장만하여 밥상을 들여간 뒤 시어른들이 앉아 계신 상에 국그릇을 놓는데, 그릇이 손에서 저절로 떨어져 요란한 소리를 내었다. 부엌에서 손이 꽁꽁 언 것이다. 식구들 식사가 거의 끝날 때까지 언 손을 녹이는 나를 안쓰럽게 지켜보시던 시아버님은 이듬해 부엌을 입식으로 고치셨다.

시할머님이 쓰시던 그 흙 부뚜막이 입식으로 바뀌었지만 양념 항아리만은 변함이 없다. 화초 호박만 한 크기에 대나무가 그려져 있는 항아리에는 간장과 깨소금이 담겨 있고, 밑에는 둥글고 주둥이로 갈수록 길게 뻗어 작은 술병처럼 되어 있는 백자 항아리에는 참기름이 담겨 있다. 시댁에 들를 때마다 양념 항아리에 정감이 가는 건 플라스틱이나 유리병에 든 양념보다 좋아 보이는 것도 있고 시어른들의 손맛이 배어 있는 항아리라서 그럴 것이다.

시댁의 항아리를 바라보고 있으면 시할머님의 숨결이 느껴지는 것 같아 마음이 아늑하고 포근해진다. 그리고 평온한 마음은 내게 살아온 삶의 여정을 다시 한 번 되돌아보게 한다. 부질없는 일에 매달리며 사는 건 아닌지, 하루하루를 나태하게 산 건 아닌지, 타인에게 마음의 상처를 준 적은 없는지 곰곰이 생각해 보고 올바른 길로 가려고 노력하게 된다.

예전에 항아리는 우리의 생활 곳곳에서 활용되었다.

술지게미로 허기를 달래던 시절에는 솜이불로 푹 싸여 아랫목에 모셔져 좋은 술을 만드는 역할을 했고, 알뜰한 아낙이 끼니마다 한 움큼씩 쌀을 아껴 모아 둔 곳도 항아리다.

빨간 감에 하얗게 서리가 내리면 시어머니는 항아리에 땡감과 짚을 차곡차곡 넣어 두었다가 추운 겨울, 시댁에 들를 때면 손이 시리도록 차갑고 서걱서걱한 홍시를 항아리에서 꺼내 주셨다.

항아리에는 눈에 보이지 않는 아주 작은 구멍이 많이 뚫려 있어 물은 지나지 못하지만 공기는 통과하여, 살아 숨 쉬고 있다는 발표가 요즈음 나오고 있다. 시할머니 세대에 항아리가 숨을 쉰다는 과학적인 입증은 없었어도 살면서 터득하신 삶의 지혜는 시어머니께 이어져 감을 항아리에 보관해서 내게 주고, 나 또한 항아리에서 홍시를 만들어 내 자식에게 건네주리라.

참깨를 털며

알알이 여문 여러 곡식은 가을에 수확을 하지만 참깨는 여름이 한창 무르익은 무렵부터 털게 된다.

며칠 지내려고 들른 친정집에서 참깨를 턴다기에 따라나섰다. 처서가 얼마 남지 않은 팔월의 햇볕은 너무나 강렬하게 내리쬐어서 따갑다고 투덜거리며 참깨밭에 도착하고 보니 그 햇살 아래서 참깨가 말라가고 있었다.

바닥에 비닐 천을 깔았다. 미리 베어서 어슷하게 세워 말리고 있던 단을 갖다 놓자마자 참깨가 무수히 떨어진다.

참깨는 아래 꼬투리가 2—3개 벌어졌을 때 밭에서 베어 햇살과 바람에 말려야 참깨의 맛과 향이 살아난다고 한다. 다발로 묶어 햇볕에 말리어 세 번 정도 터는데, 지금은 두 번째 터는 참깨인데도 생각보다 많이 나온다며 어머니는 좋아하신다. 땀은 흐르고 몸은 고달프기 그지없는데 뭐가 그리도 좋으실까. 하긴 씨 뿌리고, 솎아 주고, 김 매주고 하는 일들이 때론 고달프고 힘겹더라도 이러한 수확의 기쁨을 맛보기 위해 참고 견디는 것이 아닐까.

꼬투리에는 실한 참깨 알갱이들이 수없이 담겨진 채 쫙 벌어져 있다. 단을 거꾸로 세워 막대기로 자근자근 두드리면 우수수 떨어지는 참깨들. 그런 참깨들처럼 내 일상에 생긴 잡념이며 근심거리들도 모조리 떨어져 나갔으면 싶다. 그래서 다 털려 더 털릴 것이 없는 저 참깻 단처럼 내 머릿속도 맑고 깨끗해졌으면. 참깨 대궁을 잡고 마음의 때를 털어 내듯 꼬투리를 두드리고 또 두드린다.

네 개로 묶은 단을 풀어서 털고, 다시 묶어서 세워 놓는 일련의 작업들을 능숙하게 하시는 어머니에 비해 나는 너무 서툴다. 손은 뾰족한 꼬투리에 할퀴어지고 털지 않은 단을 옮길 때도 잡는 법이 서툴러 밭둑에 버려지는 참깨가 더 많다.

참깨를 터는 것보다 단 묶을 노끈이나 갖다 주고, 참깻단이나 풀어주는 사소한 일을 하는 데도 힘이 벅차 숨을 몰아쉬며 허리를 펴본다. 풀들이 무성한 둑엔 들꽃들이 수줍게 피어 있고 옆의 밭에는 초록 잎들을 벌린 채 들깨가 웃자라 있다. 밭이랑마다 고르게 자라 있는 저 들깨도 지금 수확하는 참깨처럼 어머니의 손길을 기다리며 여물고 있을 테다.

참깨 터는 일은 농사짓는 분들에게 일같이 느껴지지도 않게 편한 일일 것이다. 그런 쉬운 일을 하면서도 나는 힘이 들어 연신 땀을 훔치고 있다. 새벽의 삽상한 이슬에 발목 적시고, 어둑어둑 해 질 때까지 허리 한번 제대로 펴보지도 못하고 어머니는 밭고랑을 끼고 사신다. 그렇게 힘들여 농사지어 봤자 값싼 수입 농산물에 밀려 제 값도 못 받고 있다.

농산물값을 제대로 못 받아 허탈해하면서도 봄이 되면 훌훌 털어버리고 밭고랑에 씨를 뿌린다. '밭을 놀릴 수야 없다.'면서 들로 나서지만 콩이며 참깨 심지어는 나물까지도 수입이 되고 있으니 한숨만 늘어날 뿐이다. 특용작물을 해 보고 싶어도 나이가 들어 그것도 힘들다. 설령 비닐하우스를 지어 방울토마토며 오이 등을 재배해 보아도 값을 못 받기는 마찬가지여서 이제껏 농사짓고 작년에도 지었을 곡식의 씨를 뿌린다.

몇 해 전에는 이맘때 어머니가 병원에 입원하였었다. 시름시름 앓으시면서도 감기약만 지어다 드시고 자식들이 안부 전화 드리면 건강하게 잘 있다고 하셨다. 괜찮다고는 하셨지만 목소리로 감기려니 짐작하고는 직장을 다니던 터라 주말에 찾아뵈려고 하였는데 이웃에 계신 아주머니가 전화를 하셨다.

병원에선 조금만 늦었으면 큰일 날 뻔했다고 하였다. 밭에서 참깨를 터는 도중에 무언가가 가슴을 톡 쏘았는데 그것이 들쥐인지 몰랐던 것이다. 그때는 속이 상해서 무엇에 물렸다는 생각이 들면 바로 병원을 찾지 그랬느냐고 핀잔을 드렸는데 내가 참깨를 털고 보니 참깨 꼬투리에 찔렸다는 생각이 들만도 하였다.

한평생을 농사지으며 살아오신 어머니의 삶이 참깨라면, 털릴 것 다 털리고 빈 꼬투리만 달고 있는 참깨 대의 모습이지 않을까. 봄부터 흙에 뿌리내리고 자라나 참깨가 여문 뒤, 참깨를 모두 털린 참깨 대는 아궁이에 불 때는 일밖에 할 수가 없다. 뼈 빠지게 농사지어 자식들 가르치고 이제 남은 것은 여기저기 성한 곳이 없는 육체뿐, 그래도 자식들 일이라면 물불 가리지 않으시는 어머니의 삶은 있는 것 다 내주고 마지막까지도 불쏘시개 노릇을 하는 참깨 대궁과 무엇이 다르랴.

참깨 농사만 해도 몇 십 년을 지었을 어머니의 손놀림이 빨라서인지 생각보다 일은 빨리 끝났다. 참깨가 든 포대를 머리에 이고 걸어가시면서도 물병을 든 내 짐을 들겠다고 손을 내미시는 어머니. 오로지 자식을 위해 힘겹게 사신 당신처럼 나도 자식만을 위하여 살 수 있을까 생각해 본다.

지금까지 나는 어떤 모습으로 살아왔던가. 꽉 들어찬 열매보다는 참깨 꼬투리같이 남에게 보여지는 겉모양만 치장하며 살진 않았는지. 참깨를 털고 보니 내 자신을 되돌아보게 된다. 불쏘시개가 되는 참깨 대궁처럼 정성들인 열매 남기고 자신마저 태워서 남을 위해 쓰이는 삶이라면 무엇을 더 바랄까.

밭에서 턴 참깨를 키로 까불질한다. 검불이며 티껍지는 버리고 참깨만 남기고 보니 미색의 알갱이들이 예쁘기 그지없다. 이 알갱이를 만들기 위해 참깨 모종은 무수한 시련을 거쳤을 것이다. 쑥쑥 자라나는 잡초에 영양분을 빼앗겨가며 자라야 하고 사정없이 몰아치는 비바람에도 꿋꿋이 견뎠을 것이다. 똑같은 토양과 비, 햇빛을 받았어도 알갱이들 중엔 실하게 영근 것도 있고 속 알맹이가 없이 껍질만 있는 쭉정이도 있다.

내 삶이 언제까지 펼쳐질지 모르지만 실하게 여물어 고소한 맛을 주는 알갱이가 되어야 할 텐데……. 그러려면 지금부터라도 마음의 텃밭에 씨를 뿌려 싹을 틔우고, 꽃을 피워 실한 열매 맺을 수 있도록 노력해야 할 테다.

극락이 따로 있는가, 마음이 극락이지

목탁 소리가 산사의 어둠을 걷어낸다.

법당의 섬돌에서부터 도량석을 시작하여 마당을 돌고, 계단을 하나하나 내려가면서 목탁 소리를 듣고 있자니 가슴이 벅차오른다. 모두들 잠들어 있을 새벽 네 시, 난 무엇 때문에 두 손 모아 합장한 채 스님의 뒤를 따르고 있는가.

절해고도에 혼자 서 있는 것 같은 심정이 되어 삶의 의욕을 잃은 채 지내다가, 머리도 식히고 마음도 정리하면 좋겠다 싶어 절의 일주문을 들어섰었다. 점심공양이 지난 시간에 도착하여 짐을 풀고 먼저 해우소에 들렀는데 창문을 같이 닦자는 보살이 있었다. 하고 싶지도 않고 조금은 황당하여 점심도 안 먹었다며 거절하였더니, 노보살은 바가지에 찬밥 말아 김치 하나 달랑 내놓고 일을 시킨다. 높은 곳의 창틀을 떨어지지 않게 발을 디디어 닦으며 일시키는 것을 미안해하지도 않는 것에 의아심을 갖기도 하고 절에 온 것을 후회하였었다.

지심귀명례至心歸命禮라고 하던가. 이 절에 와서 지극한 마음으로 귀의하여 기도하면 한 가지 소원은 꼭 들어준다고 소문이 나서인지 기도실 안은 자리 잡기가 힘들다. 나 혼자만 온갖 근심 걱정 다 떠안고 사는 줄 알았는데 번민하는 중생들이 얼마나 많은지, 4층 법당엔 갓난아기를 데리고 온 새댁부터 당신 몸 하나 추스르지 못할 것 같은 할머니까지 수백 명이 기도하고 있다. 그러나 몇 번 찾아온 보살들은 사람이 없어 좋다고 한다.

공양과 세 시간 정도의 자는 시간을 빼고는 오직 기도에만 매달리는 하루하루이다. 정신이상 된 딸을 정상인이 되게 하려고 가족 모두가 오기도 하고 암에 걸려 절망적인 상황에서도 육신의 고통을 불사르며 기도하는 이들을 보면서, 지금까지 내가 했던 고민은 작은 씨앗을 크나큰 불행의 열매처럼 부풀려서 번민하지 않았나 싶다.

절의 처마 끝에 달려 있는 풍경은 바람이 없으면 소리를 만들지 않는다. 그러나 바람 세기가 약한 실바람에도 풍경은 울리듯, 가만히 두면 저절로 풀어져 버릴 나의 가슴속에 있는 응어리를 억지로 끄집어내어 고뇌하지 않았는지, 탑을 돌며 생각해 본다.

새벽 공기를 가르며 부드럽고 때로는 우렁차게 천수경을 외는 스님의 염불과 목탁 소리는 도량을 돌고 와 법당의 섬돌에서 멎는다.

불자들로 가득한 법당 안은 부처님께 절을 올리는 소리만 들릴 뿐 엄숙하고 고요하다. 처음 참석하는 새벽 예불인데다가 불심 깊은 불자도 아니어서 무엇을 해야 되는지 몰라 묵상默想한 채 향연香煙

속에 잠겨 있는데 종소리가 들려온다.

요란스럽지도 않고 교巧하지 않으면서 그렇다고 둔탁하지도 않게 울리는 산사의 범종 소리만큼 기도하는 이의 마음을 울려주고 맑게 해 주는 소리가 또 있을까. 고통받는 중생들의 근심을 걷어 가듯, 아픈 육신을 가진 이들에게 감로甘露를 주어 병을 낫게 하듯 감미롭게 심금을 울리어 준다.

이어서 법고와 목어와 운판소리, 경건하고 정성이 가득한 반야심경을 봉독하는 소리들이 산사에 울려 펴진다.

마음이 복잡한 사람은 믿음의 종파를 떠나서 절에서 하는 예불에 참석해보라고 권하고 싶다. 새벽 예불에 참석해 보면 누구든지 마음이 차분해지고 정신이 맑아짐을 느끼며 예불의 청정함이 풍기는 진면목을 가슴으로 담아 낼 수 있을 것이다.

'하루 일하지 않으면 하루 먹지 않는다.'는 선가의 청규가 있듯 절 주위에 있는 논과 밭에선 일하는 스님들을 항상 볼 수 있다. 사시사철 드나드는 그 많은 보살들의 공양을 모두 스님들의 울력으로 해결한다고 하니, 첫날 마음껏 쉬러 왔는데 일 시킨다며 억지로 창틀 닦던 일이 부끄러워진다.

오늘 아침 공양시간에는 설거지를 도와주었다. 부처님 믿는 사람은 공밥을 먹어서는 안 된다는 말에 수행의 의미가 새겨져 있듯, 낮에 기도하는 시간에도 채소를 다듬기도 하고 밭에 나가 콩밭을 맨다거나 연등을 만드는 등 스님께서 일거리가 있을 때마다 방송하면 각자 하고 싶은 일을 자발적으로 한다.

절을 찾는 이들은 주로 할머니들이 많아서 나같이 젊은 사람은 앉아 있을 새가 없이 일을 하지만 모두들 기쁜 마음으로 즐겁게 한다.

절을 쓸고 닦는 것은 기본이다. 시멘트로 모두 포장이 되어 있어 싸리비 자국 선명하게 드러나진 않지만 개운한 마음으로 가지런하게 비질하는 것도 다 자기의 공덕을 쌓는 일이다. 정성을 다해 걸레질을 끝냈을 때 느껴지는 삽상한 기분, 온통 땀으로 젖고 더운 열기가 온몸을 휘감아도 마음의 창이 환하게 열리는 느낌이다.

그 열린 마음은 오해와 불신과 고정관념 등 우리의 올바른 판단을 방해하는 그릇된 분별심으로부터 자유로울 수 있는 정신을 가지라고 한다. 또한 바깥세상에서 잘못한 일, 편견과 아집, 어리석음의 온갖 무명無明을 깨달음의 지혜로 허물어 밝고 깨끗하게 살라고 일러준다.

사물의 빗장을 열고 보면 사물의 진면목이 거기에서 빛을 발하고 있듯이 마음의 빗장을 활짝 열어 마음과 정신에 쌓인 번뇌를 털어버리면 태초의 순수한 마음이 있지 않을까. 부처님께선 사람의 마음을 '본래 맑고 깨끗하여 오염되지 아니한다.' 하여 본래청정本來淸淨이라고 하셨다 한다.

잠을 제대로 못 자면서 새벽 예불과 공양, 기도와 일이 반복되는 생활인데도 몸만 피곤하지 마음은 어느 때보다 개운하니, 혼탁한 세상을 잊어서인가 아니면 욕심을 버린 산사에서의 생활이 마음을 순수하게 만들어서인가.

지금까지는 극락이 사후의 세계에 있는 것이요, 피안에 있는 것이라고 생각했었다. 그러나 티끌세상의 번잡함이 말끔히 가시어 맑은 기운으로 충만한 산사에서의 지금 생활이 극락이지, 극락이 따로 있나 하는 생각이 든다.

잠깐 짬을 내어 향기롭게 피어 있는 야생화 사잇길로 가는 산행도 즐겁고, 소나무 참나무 등 초록으로 가득한 숲 속에서 불어오는 상쾌한 바람도 신선하다. 골짜기 사이로 청초하게 들려오는 새소리가 신비로움까지 더해 주니 근심 걱정이 사라져버린 듯 마음은 기쁨으로 가득하다.

하지만 우리네 삶이 세속과 고립되어 살 수는 없다. 산속 깊숙이 자리 잡은 이 절에서도 지구 저편에서 일어나는 소식을 곧바로 알 수 있는 세상이다. 그렇게 복잡한 세상을 살면서 들리는 무수한 소리들이, 귀에 들어올 때는 혼탁하여 제가끔 다른 빛깔과 파문을 일으켜도 '마음이 곧 부처이다.' 생각하고 정화시키어 마음의 때를 씻어 낼 일이다. 그러다 보면 삶의 기쁨이 마음속 깊은 내면으로부터 샘솟지 않을까.

극락세계가 따로 없다고 느낀 산사에서의 생활은 며칠 안 되지만 내가 가는 모든 길을 극락이라 여기도록 마음을 다스리리라. 가슴에서 자연스럽게 우러나오는 해맑은 아름다움이 있고 삶의 기쁨이 끝없이 샘솟는 청정한 생生을 살다 보면, 극락이 따로 있겠는가, 마음이 극락이지.

연꽃과 진흙

싱그러운 잎사귀 사이사이로 연꽃이 고고하게 피어있다. 코끝으로 스치는 연향蓮香이 감미로워서 마음까지 들뜨게 한다.

진분홍빛 연꽃으로 가득한 공원을 들어가는 순간부터 탄성이 터져 나왔다. 꽃이 피고 진 다음 열매를 맺는 다른 꽃들과는 달리 연꽃은 꽃과 열매가 한꺼번에 생겨난다고 하기에 유심히 보았다. 꽃 속에 열매가 있는데 연한 녹색을 띠고 있고 꽃이 진 열매는 색이 진한 연밥만 덩그러니 있다.

덕진공원을 찾기 위해 전주 시내 약도를 뒤적일 때부터 내리기 시작한 비는 연꽃을 보고 싶은 나의 갈망을 잠재우진 못했다. 주룩주룩 내리는 비를 우산도 없이 맞으면서 공원을 다니며 감탄사를 연발하는 아내가 한심스러워 보여 화를 낼만도 한데 남편은 묵묵히 따라와 준다.

활짝 피어 있는 연꽃을 보는데 이태나 걸리었다. 마음이 어수선하여 찾은 산사에서 법당 천장에 걸려 있는 연등을 보고는 연꽃이 보고 싶었다. 환한 미소로 만개한 꽃을 보면 욕심에 찬 마음을 버리어 개운해질 수 있을 것 같았기 때문이다.

어느 곳에 가면 연꽃을 볼 수 있는지 몰라서 주위 사람들에게 물어물어 찾아간 운보의 집 작은 연못에는 연꽃은 지고 연밥과 꽃대만 덩그러니 남아 있었다. 그러니 넓은 연못 위로 활짝 피어 있는 꽃을 볼 수 있다는 기대감으로 설레었던 마음은 몇 개 있는 꽃대를 바라보는 것으로 만족할 수밖에 없었다.

덕진공원에 가면 연꽃이 많다는 소리를 듣고 금방이라도 소원이 이루어진 듯 기뻤다. 활짝 핀 연꽃이 보고 싶다면서 아무 때나 공원을 가자는 내게 연꽃은 여름에만 피는 것이라며 남편은 역정을 내고, 나는 나대로 가기 싫어서 그러는 줄 알고 화를 내다 보니 연꽃 때문에 욕심을 버리려다 욕심만 키운 셈이다.

진짜로 연꽃은 여름에 볼 수 있는지가 궁금하여 연꽃에 대한 자료도 찾아보았다. 무더위가 한풀 꺾이고 가을의 문턱이 보일 때쯤, 허난설헌의 대표적 시詩인 '연 따는 노래' 〈채련곡採蓮曲〉을 읊었다.

가을하늘 드맑아
호수의 푸른 물 구슬처럼 맑아라
연꽃 우거진 깊숙한 곳에

목란木蘭배를 살며시 매어 두고
사랑하는 임과 만나
연밥을 따서 던졌지요
행여나 남들이 엿보았을까
나는 한나절이나 부끄러웠어요

그리고는 사랑에 대한 인간 본성의 마음을 섬세한 필치로 노래한 애상적愛想的인 시라고 덧붙이고서야 이곳에 오게 되었다.

꽃을 바라볼 때 보편적으로 꽃이 질 때의 볼품없는 모습은 외면한 채 활짝 피어 있는 꽃만을 본다. 나도 지금 덩그러니 있는 연밥보다는 진분홍빛으로 활짝 핀 꽃에 눈길이 간다. 그러나 봉우리에서 찬란하게 꽃이 피어 탄탄대로의 인생길을 걷다가, 꽃이 질 때의 쓰라린 고통은 열매를 맺기 위한 성숙의 단계이다.

연꽃도 나의 육신을 두드리는 저 비를, 연잎을 따서 막고 싶을 정도로 큰 잎을 거느린 채 의젓하게 하늘을 향해 피어 있다. 그렇게 고고한 꽃을 보다 보면 진흙이 안 보인다. 좋은 것만 보고 살아도 바쁜 세상인데 굳이 그 일면의 좋지 못한 것까지 볼 필요가 있을까 반문할지도 모른다. 그러나 예쁘게 피어 있는 꽃은 꽃을 맺기 위한 많은 것 가운데 아주 일부분일 따름이다. 꽃을 피우기 위해 뿌리도 있어야 하고 줄기, 잎새, 수술 등의 많은 종류에는 맡은 바 임무가 있어 자기 본분을 다할 때만이 아름다운 꽃을 탄생시킬 수 있는 것이 아닐는지.

이 넓은 연못을 수놓은 홍련紅蓮을 볼 때 진흙을 볼 필요는 없겠지만, 진흙탕 속에서 살면서도 그 더러운 물이 몸에 묻지 않는다는 것을 유심히 살펴볼 일이다.

연잎도 물을 먹지 않고 내리는 빗방울을 거인의 배꼽처럼 움푹 들어간 가운데 부분에 모아 두고 있다. 이슬을 머금은 새벽이나 지금처럼 비가 올 때 볼 수 있는 정경이 아닐까 싶은데 연잎에 맺혀 있는 물방울이 다이아몬드 보석처럼 잎새마다 찬란하게 빛나고 있다.

연꽃은 아침 햇살을 받으며 꽃잎을 피우고 해가 지면 꽃을 다무는 거취가 분명한 꽃이라고 한다. 그러니 꽃을 보려면 동이 틀 때 꽃잎을 피우는 모습부터 한참 동안 바라보아야 은은히 풍기는 향과 오묘함을 제대로 즐길 수 있는데, 성질 급하고 분위기를 모르는 남편과 같이 왔으니 아쉬움이 남는다.

같은 꽃을 보더라도 꽃이 피는 모습을 보기보다 지는 쪽에 관심이 많은 사람이 있듯이 오늘 이 연꽃을 보기 위해 남편의 나쁜 점만 들춰내며 얼마나 채근하였던가. 그래서인지 연꽃만 보면 버릴 것 같던 마음의 욕심을 비우지 못하였다.

진흙탕에 물들지 않고 아침저녁을 가려 필 줄 아는 연꽃처럼, 현실의 세태가 각박하고 도덕이 무시되는 사회일지라도 한결같이 고운 심성으로 아름다움을 지니고 사는 사람들이 몇이나 될까. 이런 혼탁한 사회에서 꽃중의 군자라고 하는 연꽃 같은 마음을 지니고 살기가 힘든 일이다.

품위가 있고 지조가 있으되 결코 드러내지 않고 은은한 미소를 머금은 자태가, 항상 사람의 마음을 맑게 해 주는 연꽃처럼 살지는 못하더라도 그 근처에서라도 머물며 살고 싶다.

나는 진흙이요, 남편은 연꽃이 되게 하면서…….

마음의 길을 열다

이삿짐 정리를 하다가 편지함을 발견하였다. 연애시절 남편과 주고받은 편지부터, 시아버님, 시누이, 시동생, 친정동생, 문우들과 주고받은 편지들이 고스란히 보관되어 있다.

남편이 보낸 글을 컴퓨터에 치면서 읽기로 했다. 새삼 그 시절로 돌아간 듯 옛일들이 새록새록 생각났다.

"임득 씨! 사랑합니다. 보고 싶습니다."라는 글을 읽은 딸이 소리쳤다.

"엄마, 이거 진짜 아빠가 쓰신 거야?"

날마다 소리만 지르고 무뚝뚝한 아빠가 이런 말을 했으리라고는 상상이 안 되나 보다. 재차 묻던 딸이 또 한마디 한다.

"엄마는 치사하게 이런 말에 넘어가서 결혼하냐."

배시시 웃는 내게

"엄마, 이거 아빠가 신발장에 넣고 갔지?"

요즘 초등학생들은 이성 친구에게 편지를 주고 싶을 땐 신발장에 넣는가 보다. 편지지 몇 장 버려가면서 무슨 말을 써야할지 밤새워 고민하던 일을 어찌 알까. 편지를 쓰고 봉투에 넣어 우표를 붙여서 우체통에 넣는 일을 딸은 모르고 있다.

연애 시절에 80원이던 우표가 20년이 흐른 지금 270원이 되었다. 세월은 흘렀어도 이슬비라도 내리는 날이면 더욱 더 편지를 받고 싶다. 빗소리를 들으며 차 한 잔 마시자는 정감 있는 편지도 좋고 그리움이 밀려와 편지를 쓰니 멋진 레스토랑으로 초대를 해 달라는 애교 있는 글도 좋을 듯싶다.

혹시나 편지를 기대하며 우편함을 열어 본다. 우편함에는 가족의 일상이 들어있다. 광고성 책이나 모임 안내장, 각종 고지서들…….
내가 바라는 분홍빛 사연을 담은 편지는 보이지 않는다.

밤새워 하얀 편지지를 채워 본 적이 언제였던가. 평소 하고 싶은 얘기가 있으면 한 통화의 전화에 의지하면서도 남에게서 편지를 받고 싶은 마음은 간절하다.

결혼해서 오 년간은 시댁 식구들과 편지를 주고받았다. 비록 달 밝은 밤에 가슴 태우며 쓰는 편지는 아닐지라도 시아버님과 주고받은 편지는 지금도 소중한 보물이듯 보관되어 있다.

지역과의 차이에서 느껴지는 생활의 불편함도, 시댁 식구들과의 어색한 분위기도 종이와 볼펜만 있으면 해결이 되었다. 인생의 조각조각을 서툰 글씨로 종이 위에 담아 쓰다 보면, 글자 하나하나에는 진정성이 담기게 된다. 잉크가 채 마르기도 전에 상대에게 배달되는 편지에는 솔직한 마음까지 고스란히 전해진다.

소중하게 보관하고 있는 편지함을 열어 본다. 매끄럽고 자연스럽게 써 내려간 종이는 시동생 등 젊은 사람들의 편지이고 편지지 뒤에까지 글자가 새겨지도록 꾹꾹 눌러쓴 편지는 시아버님 편지다.

원고지 세 장을 꽉 채운 편지에 눈길이 머무른다. 언젠가 시댁에 가서 남편의 미운 점을 푸념하듯 일러바치고 온 뒤 편지가 왔다. 남편의 잘못이 곧 아버님의 잘못이니 참다운 인생을 위해 아버님이 다시 교육을 받고 싶다고 쓰신 글을 보고 얼마나 송구스러웠던지.

우리 부부가 아무 탈 없이 지금까지 살아오고 있는 것도 그때 아버님 편지로 받았던 가르침 덕분이 아닐지. 아버님의 숨소리까지 고스란히 전해 받는 것 같이 읽어 내려가던 이 편지가 행복의 원천인 듯 싶다.

자주 오고가던 편지가 언젠가부터 뚝 끊겼다. 가끔씩 편지를 쓰고 싶어 종이를 준비해 보지만 오랜만이라 그런지 쑥스러운 마음에 전화로 대신하게 된다. 그러면서도 난 막연히 반가운 편지가 날아들 기대감을 놓지 않는다. 그 기다림은 남편의 직장으로 편지를 띄우고 답장을 기다리던 설렘과도 같다. 연애할 때는 일기 형식으로 하루에 한 번씩 편지를 보내던 남편은 결혼 후 내가 보낸 편지에도 반응이 없다. 편지를 받은 건지 안 받은 건지 구분이 안 갈 정도로.

'결혼하면 변하는 것이 남자의 마음이라더니.' 하며 넘겨 버리곤 하지만 살다 보면 남편이 갑자기 미워질 때가 있다. 그럴 때 연애 시절에 받은 편지를 읽으면 봄 햇살에 눈 녹듯 미운 감정이 사라지고 애틋한 감정이 되어 술상이라도 차려놓고 기다리는 것이 편지의 매력이 아닐까.

전화로 하면 흘러가 버리고 말지만 편지는 오늘처럼 두고두고 볼 수 있다. 말은 한번 뱉으면 주워 담을 수 없지만 글은 아니다 싶을 때는 다시 고쳐 쓰면 된다. 다듬고 또 다듬어 그만큼 실수를 줄일 수 있다.

편지지를 앞에 놓고 앉으면 산만했던 감정들이 차분히 가라앉는다. 여백의 편지지에 솔솔 써 내려갈 때는 온전히 상대만을 생각하게 된다. 그만큼 교감이 이루어진다.

편지는 마음의 길을 열게 한다.

우리는 하나

발자국을 뗄 때마다 마른 낙엽이 바스락거린다. 병풍처럼 둘러 싸인 산이어서 그런지 해 질 녘도 아닌데 산 그림자가 드리워져 있다.

봄여름 가을을 보내고 겨울 속으로 발을 들여놓은 산은 발길을 타지 않은 처녀길이어서 생을 다한 마른 풀이며 잡목이 앞을 가린다. 자연스럽게 한 줄로 오르는 우리 가족. 하나의 콩깍지 같다.

뱃속에서 같이 자라다가 한날한시에 태어났어도 개성이 다른 아이들이다. 그럼에도 쌍둥이 키우기 힘들다는 이유로 낮잠도 같이 자게 하고 밥이며 공부 모두 같이 시켰다. 그것이 제대로 안 될 때는 손이 더 간다는 이유로 얼굴표정이 바뀌곤 했다.

같은 나무, 같은 가지에서 자란 꽃들도 각자 고유한 개성으로 자신의 존재를 알린다. 꽃이 떨어져 맺는 열매에도 각기 다른 의미가 있듯이 쌍둥이도 서로 다른 존재인 것을……. 오랜 기다림 끝의 소망이 이루어짐에 고마워하기보다 내 인생의 봄날은 언제나 오려나 푸념도 하였다.

어릴 적에는 아들아이가 일 분 차이로 태어난 누나를 물었다. 어깨, 얼굴, 손등 어느 곳 가리지 않고 물어 대서 딸아이의 울음은 그칠 새가 없고 흉터는 늘어갔다. 타일러도 보고 혼을 내도 안 되어서 나중에는 내가 아들을 물기까지 했다. 그럴 때 아들이 울면 동생에게 물려서 울던 딸은 울음을 뚝 그치고 오히려 내게 덤벼들었다.

낙엽 깔린 산길에 미끄러지다 보면 밑에는 돌멩이가 보인다. 일곱 살배기에게는 좀 무리인 듯싶은데도 서로 손을 잡아주기도 하고 어디서 구했는지 막대기 하나 들고 지팡이 삼아 걷기도 한다. 각기 다른 아기집에서 태어난 이란성 쌍둥이. 몸은 둘일지라도 마음은 하나가 되어 서로 위해주고 아껴주며 살게 해 주고 싶다.

산등성이에는 늦은 오후 햇살이 머물러 있다. 깊은 호흡 삭여 가며 보니 열매가 나무에 매달려 있다. 꽃을 피우고 온 힘을 다해 꽃의 흔적을 가슴에 품고 있기에 저토록 튼실하리라. 붉디붉은 열매들이 햇살에 제 몸 투명하게 내보이는 모습이 대견스럽다. 작은 열매 속엔 봄 공기와 여름햇살과 가을바람이 담겨있을 터이다.

쌍둥이는 살면서 내가 네가 되고 때로는 네가 내가 되면서 의지가 되다가도 어느 순간 경쟁자가 된다. 애들이 때리거나 부모가 야단을 칠 때면 서로 위하고 감싸주면서도, 엄마 옆에서 자는 일이나 포옹할 때나 공부에 있어서는 경쟁을 한다.

다섯 살부터 한글, 영어, 한자를 아는 아들에 비해 딸은 일곱 살이 되면서도 글을 못 깨우쳤다. 동생은 처음부터 공부 잘했고 계속 잘하는 아이이고 자기는 못한다고 체념해버린 딸. 가방이란 단어를 노트 한가득 쓰게 해 놓고 신문을 보다가 '가'를 가리키며 물어보면 한마디로 '나' 하고는 입 다물어 버렸었다. 달력 한 장을 남긴 지금에서야 딸아이가 글을 깨우쳐서 덜하지만 공부는 알게 모르게 계속 경쟁이 될 것 같다.

둘이 힘을 합치면 못할 것이 없다. 어린이집을 다니고부터는 더하다. 누군가 한 대 때리면 둘이서 맞서고 배운 노래나 무용이 잘 생각이 나지 않을 때도 얘기하다 보면 노래와 춤이 완성된다.

아이들 다니는 유치원 선생님에게서 문자메시지가 왔다. 언어전달이 너무 재미있다고…….

속담에 관해서 일주일에 한번 선생님께서 가르쳐주면 아이들은 그것을 부모에게 알리고, 부모는 선생님께 언어전달노트에 써 보내는 것이 있다. 아들이 "해를 보면 열을 안다." 하기에 처음 듣는 속담이라서 자꾸 묻는데 가만히 듣고만 있던 딸이 결정을 내렸다. "해가 뜨거우니까 해를 보면 열이 난다."이지. 재차 물어도 둘이서 그렇다는데 난 불치하문不恥下問이라는 문자까지 써 가며 속담 하나 배웠다고 노트에 썼다.

"하나를 보면 열을 안다."가 "해를 보면 열이 난다."로 바뀌어도 좋고 공부를 못해도 다 좋다. 몸과 마음이 건강한 사람으로 자라주길 소망한다. 자르고 다듬어 모양 좋은 정원수보다 하늘 길에 거칠 것 없이 가지 뻗는 산 나무처럼 자연스럽게 키우고 싶다. 새들의 먹이가 될지라도 땅속 어둑한 곳 묻혔다가 다시 태어나는 산 나무의 열매가 좋다.

낙엽 떨구고 깊은 침묵 속에 든 산. 겨울 산에는 봄여름 가을이 다 들어있다. 인생도 그러하지 않을까. 생의 굽이굽이 넘겼을 때 할 일 다 한 자의 여유로움이 있을 터이다. 내 인생은 이제야 씨를 뿌렸지만 나이로는 가을 어디쯤 될까. 잎새 무성한 여름이었으면 더 무엇을 바라리. 하지만 서두르지는 않을 테다.

산줄기는 달라도 산 정상에서 보면 산은 다 하나로 보인다. 시작은 늦었지만 한 발 한 발 정성을 다해 오르리라. 그러다 보면 우리 가족 산꼭대기에 오른 지금처럼 인생의 정상에 오를 수 있고, 꽃의 흔적을 가슴에 품고 있는 열매처럼 무언가 해낼 수 있지 않을까.

세월에 길을 묻다

시계 초침 소리만 가득하다.

내일을 맞으러 가는 시간의 움직임이다.

누군가는 지금도 저 시간을 흘려보내지 않고 삶을 알차게 채우고 있겠지. 내심 건강은 자신 있다고 생각했는데 수술을 받고 누워있으니 마치 시들어가는 푸성귀 같다.

흘러가는 시간 앞에서 속수무책이다. 인생이란 다양한 일상을 겪으며 세월이라는 날을 차곡차곡 쌓아가는 것이 아닐까.

시간이란 기다리는 사람에게는 너무나 느릴 것이고, 시간의 흐름을 원치 않는 이에게는 빠르기만 할 테다. 중년의 나이에 시간이 빨리 가기를 고대하는 사람이 있을는지. 그러고 보니 딸이 일곱 살 되던 해가 생각난다.

새해 첫날. TV화면은 해돋이를 보려고 명소에 몰려든 인파로 가득하다. 늘 맞이하는 하루인데도 왠지 새로운 느낌이 들고 특별한 날인 듯 마음이 설렌다. 일곱 살이 되는 날을 손꼽아 기다리던 딸에게 오늘부터 일곱 살이라고 얘기해 주었다.

새 아침이라도 별반 다를 것 없이 주부의 일과다. 이불을 개는데도 팔다리를 쭉 뻗은 딸이 일어나질 않는다. 얼른 일어나라고 채근하는 내게

"엄마! 나 키 얼마나 컸나 봐봐." 한다. 잠이 덜 깼는지 첫날부터 무슨 키타령인가 싶어 무시하고 하던 일을 계속했다.

밥상 앞에 얼른 앉지도 않고 거울을 보며 얼굴을 매만지던 딸이 의아한 표정으로

"엄마, 근데 일곱 살이 됐는데 왜 얼굴이 그대로야?"

아! 그거였구나. 딸아이의 순진무구한 말에 웃음보가 터졌다.

일곱 살이 되면 키도 훌쩍 클 것이고, 얼굴도 몸도 확 바뀌지 않을까 하는 기대감에 일곱 살이 되는 그날을 기다렸던 것이구나. 딸애는 속마음을 들켜 쑥스러운지 꼬집으며 웃지 말라고 응석을 부렸다.

나이를 먹는다는 건 어떤 것일까?

"오늘이란 너무 평범한 날인 동시에 과거와 미래를 잇는 가장 소중한 시간이다."라고 괴테는 말했다. 우리가 무심코 지나치는 하루하루가 모여 한 달이 되고 일 년이 지나면서 나이를 먹게 된다.

나에게도 딸아이처럼 순수한 시절이 있었을 텐데……. 자기 얼굴에 책임을 진다는 불혹이지만 요즘의 나는 항상 자신감이 없고 주눅

이 들어있다. 꽃처럼 피어나던 풋풋한 시절의 당당함은 어디로 사라졌을까.

스무 살 무렵, 사십 대가 되면 세상일에 박식해지고 거칠 것 없는 나이라고 생각했다. 하지만 내가 사십 대의 반열에 서고 보니 몸만 세월의 풍상에 견디었지, 마음은 아직도 스무 살 시절에 머물러 있음을 느낀다. 지금에서야 사람은 이순이 되어서도 몸만 늙어가지 마음은 혈기왕성했던 젊은 시절에 머물러 있을 수 있다는 생각을 하게 된다.

아무것도 이룬 것이 없는데, 마흔 줄도 얼마 남아있지 않다. 그런데도 여전히 흔들리고 있다.

세상사 불공평하다고 투정을 부려 볼 때도 있지만, 나이를 먹는 것 만큼은 공평하다. 먹기 싫다고 안 먹을 수 없고, 먹고 싶다고 더 먹을 수도 없는 것이 나이가 아닌가. 어차피 먹는 거라면 편하게 받아들이자고, 나이는 숫자에 불과한 것이라고 마음먹지만 잘 안 된다.

나이가 들수록 몸은 늙을지 몰라도 마음은 너그러워지고 포용력이 있어진다고 한다. 다른 사람에게 보여주는 내 얼굴표정은 마음을 비춰주는 거울 같아서 속일 수는 없을 것이다.

일곱 살이 되면 얼굴이 확 바뀔 것이라고 믿었던 딸아이의 예쁜 마음처럼 내 몸은 늙어가도 항상 순수한 마음이었으면 좋겠다.

인생을 마라톤으로 비유하면 이제 반환점을 돌아선 사십 대, 아직 또 다른 인생의 반이 남아 있다. 전반은 느리게 지났을지 몰라도 후반은 상당히 빠른 속도로 지나갈 것 같다. 미처 대처하지 못한 채 지금까지 뛰어왔다면, 다가올 후반인생은 당당히 맞서리라. 전반전에 뒤처진 못다 한 숙제들, 거뜬히 해치우고 환희에 찬 얼굴로 골인 지점에서 당당하게 줄을 끊으리라.

오천 원권의 어머니

두루마기에 유건을 쓰신 할아버지가 생소했나 보다.

차례 상 앞에서 아들아이가 소리쳤다

"우—와, 오천 원 할아버지다."

아직도 옛 전통을 고집하고 있는 시댁이니 제사나 명절 때 늘 봤을 텐데, 오늘따라 오천 원이라니. 오천 원권 지폐에 율곡 이이 선생이 쓴 정자관程子冠과 할아버지의 유건이 비슷해서이리라.

차례 상을 물리고 아이들은 신기한지 유건을 서로 머리에 써 보느라 난리다.

요즘 새로 나온 지폐에 신사임당처럼 머리에 쪽을 올리면 오만 원 할머니라고 할까.

우리나라 지폐에는 관모를 쓴 이씨李氏 성姓의 조선시대 세 분의 인물초상이 있고 모두가 남성이라는 공통점이 있다. 천 원권의 퇴계 이황은 조선시대 유학자들의 신분을 상징하는 심의深衣라는 의상과 보건福巾이라는 모자를, 오천 원권의 이이는 사대부들이 평상시 집안에서 착용하는 '대창의'라는 의상과 정자관 모자를 착용하고 있다. 만 원권의 세종대왕은 왕이 집무 시에 입는 곤룡포袞龍袍와 익선관翼善冠을 착용하고 있다.

자본주의 시대에서 돈이 항상 수반된다. 우리가 매일 사용하는 지폐에 여성이 등장한 적이 있었다. 보통 지폐 도안인물에는 역사적 인물이 주 소재로 등장하지만 평범한 모자상母子像이 도안으로 채택되어 우리나라 화폐사貨幣史에 파격을 준 사례가 있었다. 1962년 5월 16일 발행된 100환짜리 앞면을 보면 저축통장을 들고 있는 평범한 어머니와 자식의 모습이다.

당시 군사정부가 제1차 경제개발 5개년계획을 추진하면서 국민들의 저축의식을 높여야 한다는 사회 분위기가 반영된 것이었다. 하지만 발행 25일 뒤인 6월 10일 제3차 화폐개혁으로 유통이 정지돼 국내 지폐 중 '최단명 지폐'가 됐고, 여성 화폐인물도 45년간 잊혀 있었다.

최근 발행된 오만 원권에 여성이 화폐초상으로 사용되었다. 신사임당申師任堂(1504~1551)이다. 여성이 지폐에 등장한다는 것 자체만으로도 커다란 진보라고 하는 입장과 '현모양처'의 상징인 신사임당은 변화된 시대의 여성상에 부합되지 않는 인물이라는 의견 등 논란이 있었다.

어찌되었든 여성이 45년 만에 등장했다. 한복을 입고 머릿결 곱게 빗어 쪽을 찐 채. 앞면에는 신사임당과 〈묵포도도墨葡萄圖〉와 〈초충도수병草蟲圖繡屛〉이, 뒷면에는 조선중기 화가 어몽룡의 〈월매도月梅圖〉, 이정의 〈풍죽도風竹圖〉가 자리 잡고 있다.

아이를 키우기 전에는 훌륭하게 키우리라 생각했었다. 그런데 아이가 커 갈수록 훌륭한 것보다는 건강하게 커 주는 것만으로도 감사함을 느낀다. 엄마라고 다 엄마가 아니고, 아내라고 다 아내가 되는 것이 아니었다.

현모양처만큼 어려운 일이 없는 것 같다. 공부는 노력하면 올라갈 것이고 환경이야 돈만 있으면 어느 정도 좋게 할 수 있지만, 사람을 키우는 것은 교과서로도 안 되고 참고서로도 안 된다는 것을 절실히 느낀다.

아이가 새로 나온 돈 구경하잔다. 한국은행에서 발행된 오만 원권이 돌고 돌아 내게 한 장이 왔을 때부터 지금까지 보관하고 있다. 나름대로 지갑에도 지폐를 놓는 순서가 있어서 만 원이라고 맨 끝을 꺼내면 오만 원이어서 다시 바꾸기도 한다.

오만 원의 신사임당이 오천 원권 율곡 이이 선생의 어머니라고 알려주었다.

"그럼 오만 원이 오천 원의 엄마야? 근데, 왜 엄마가 더 젊어?"

아들의 말에 한참을 웃었다.

4

창호지를 바르며

엄마의 몫

동반자

흐르는 물처럼

눈물의 카타르시스

어스름

늘 푸른 그곳

홀딱새

마음의 평화를 얻는 곳

연꽃

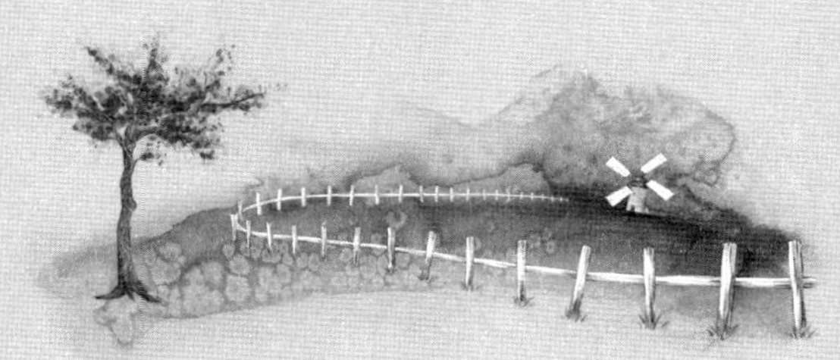

창호지를 바르며

풀벌레 소리가 가을을 몰고 왔다.

처서處暑가 지나서인지 아침저녁으로 부는 서늘한 바람. 볕바른 날 가을맞이 준비를 하다가 해마다 생각만 하고 지나쳤던 창호지 문을 바르기로 하였다.

어릴 적에는 창호지문으로 햇살이 은은하게 비치면 잠이 깨었다. 날씨가 궁금할 때면 창호지를 오려 내고 붙여 둔 작은 거울에 한쪽 눈을 대었다. 창호지문을 보면 살포시 미소가 지어지고 그리움이 이는 건 방안에서 거울을 통해 바라본 바깥 풍경 때문인지 모른다. 함박눈이 펑펑 쏟아져 온통 하얀 세상이 된 것도, 추운 날씨에 몸을 움츠리며 집안일을 하시던 부모님의 모습을 바라보던 것도 문에 달린 거울이었으니까.

등잔불이 켜지는 어스름밤이 찾아오면 한지의 창호에 비치는 불빛이 얼마나 아늑하고 좋은지. 지금도 창호지 문을 보면 어머니의 젖가슴처럼 푸근하다.

창호지문에는 다듬잇돌에 하얀 옥양목을 올려놓고 방망이를 두드리던 그윽하고 맑은 소리가 스며 있다. 화롯불에서 익어가던 밤이나 고구마, 자글자글 끓던 된장찌개의 내음새도 스며 있다.

애잔한 추억에 젖어 들게끔 밝고 환하던 창호지는 시간이 지나면서 색이 바래지고 찢어졌다. 달빛처럼 누렇게 된 한지를 바라볼 때마다 내 모습을 보는 듯하여 기분까지 착잡하니 그리움을 느끼는 시간도 줄어들었다. 처음 만나는 사람에게 잘 보이려고 노력하다가 어느 정도 친해지면 타성에 젖어 가꾸지도 않고 드러내 보여, 향기 없는 사람으로 비쳐지는 건 아닌지 고민 중이었기 때문이다.

나를 변화시키기라도 하려는 듯 문짝을 떼어 빳빳하고 누런 한지를 뜯어낸다. 촘촘한 세로 살에 적당한 간격으로 가로 대가 있는 문살에 붙은 종이는 잘 찢어지지가 않아 뜯어내기가 힘들다. 손이 따끔하지만 내 삶의 아팠던 편린들을 뜯어내는 것 같아서 작은 종잇조각까지 말끔히 떼었다.

문종이를 어느 정도 떼어 내고 이젠 문살에 붙은 먼지와 얼룩을 지웠다. 지난해의 묵은 때를 벗겨내듯 물을 뿌려 닦으니 문짝이 뽀얗다. 우리의 마음에 낀 때도 이처럼 가끔씩 지워가며 살아가야 하는데.

빈 문짝을 보니 직장을 내놓고 허망했을 때가 생각난다. 내 젊음과 함께한 16년 세월, 나 아니면 안 된다는 생각으로 아무리 아파도 출근하고 앞장서서 일하였다. 그런데 내가 없어도 회사는 아무 일 없었다는 듯 잘도 돌아간다. 고참으로서의 막중한 임무 때문에 이런 저런 생각이 끊이지 않아 마음이 항상 바빴다. 그랬는데 나를 위해 이익이 된 것은 하나도 없다. 난 무엇을 얻고자 아등바등했던가? 한 걸음 뒤로 물러서서 세상을 관조하는 여유가 있어야 할 텐데……. 숲 속에서는 숲이 보이지 않는다. 나무만 보일뿐, 잠시 숲을 벗어나야 숲의 진면목을 볼 수 있는 것이다.

번잡한 세상사에 얽매이다가도 창호지 문을 닫고 내 자신을 가만히 돌아보면 머리가 맑아진다. 지금 나는 올바른 길을 가고 있는가. 바른길을 놔두고 욕심 때문에 샛길로 가고 있는 것은 아닌지 뒤돌아보게 된다.

창호지를 바르기 위해 여러 집을 방문해 보았다. 종이를 떼어 내고 문살만 휑하니 드러난 문짝을 그대로 둔 집, 창호지를 문살 뒤쪽으로 해서 바른 집, 앞으로 바른 집, 한복의 속치마로 바른 집, 망사와 창호지를 겹쳐 바른 집, 나처럼 누렇게 색이 바랜 문을 그대로 둔 집, 창호지문 하나에도 안주인의 성격과 솜씨를 알 수 있듯이 집집마다 달랐다.

그래도 미닫이 방문에는 창호지를 정갈하게 붙이는 것이 제일 좋을 것 같아서 크기에 맞게 오려 두었다. 초가을 햇살이 청명하게 비치는 친정집 마당에서 어머니가 하시던 대로, 풀 바른 창호지를 문짝에 비질을 하여 붙인 뒤 마른 수건으로 자근자근 눌렀다.

종이 떼는 일에 비해 창호지 붙이는 일은 수월했다. 그늘에 문짝 네 개를 일렬로 세워 놓았다. 그런데 뭔가 허전하다. 손잡이 부근에 꽃장식이 없어서다.

꽃을 찾아 나섰다. 우선 눈에 띄는 대로 찾아보니 맨드라미는 너무 투박하고, 채송화는 너무 작고, 나팔꽃은 모양이 나지 않을 것 같다. 한참을 발품판 후에야 대문이 열려있는 집 앞에서 코스모스를 조금 따고, 가시 넝쿨의 초록색 잎을 땄다. 창호지문 손잡이 옆에 덧붙여 장식을 하니 빨간 색과 초록의 조화가 일품이다.

그늘에서 마르면서 팽팽해진 창호지가 신기하기도 하고 산뜻하게 바뀐 환한 문을 바라보니 마음까지 상쾌하다. 조용히 눈을 감고 앉아 마음을 가라앉히고 내면을 응시한다. 맑아지는 정신. 바깥에서 들어온 혼탁한 기운이 산뜻한 창호지 문에 말끔히 가셔질 것만 같다.

따끈한 차를 끓이니 방안에는 갓 바른 풀 냄새와 차 향기가 은근하게 퍼져 있어 한껏 분위기를 북돋워 준다. 이렇게 조금만 수고하면 온 집안이 환해 보이는 것을 왜 진작 못했을까. 내 삶도 빛나게 하려면 노력하며 살아야 하는 것을.

창호지 방문에 투명한 햇살이 밀려와 있다.

창호窓戶에 번지는 하오의 햇살은 문틈 사이에서 더욱 선연하게 빛난다. 문짝을 물에 불리면 안 되는 것을 때 벗긴다고 수세미에 물을 묻혀 문질렀으니 문짝이 뒤틀려서 틈이 벌어진 것이다. 잘 맞지 않던 문을 끼우며 햇빛과 세월 탓으로 돌려버린 내 무지. 이럴 줄 알았으면 어머니께 여쭈어 보고 신중하게 바를 것을, 실수를 하면서 배운다지만 한번 어긋난 문이 제대로 돌아올 리 없다.

창호지가 잘못되었다면 뜯어내고 다시 바르면 되지만 그 중심이 되는 문짝이 뒤틀렸으니 문짝을 바꾸기 전에는 본래의 모습으로 되돌리긴 힘들다. 내 인생에 있어서도 문짝 같은 인생의 기본 틀은 외면하고, 창호지같이 보기 좋고 눈에 확 띄는 것만을 추구하며 살아온 것은 아닌지.

창호지를 바르며 인생을 배운다.

엄마의 품

살랑살랑 바람이 속살대는 계절이다.

땅에 있는 듯 없는 듯 시나브로 피어 봄을 알리는 꽃다지부터 겨우내 품고 있던 겨울눈을 살포시 여는 산수유나무. 무엇이 그리 부끄러운지 쭈뼛쭈뼛 하늘 길로 기지개 켜고 있다.

3월이지만 학생을 둔 주부 입장에서 보면 요즘이 한 해의 시작 같다는 생각이 든다. 아이는 새로운 선생님과 친구들을 만나 들떠 있다. 나 역시 해마다 반복되는 일인데도 늘 설렌다.

교실마다 반장, 부반장을 뽑느라 분주한 모양이다. 학교에 갔다 온 아이들이 티격태격한다. 1분 먼저 나와서 맏이가 된 딸이 볼멘소리로

"엄마 난 반장하고 싶었는데 병수가 이름을 안 불러줘서 못했어."

이에 억울한지 아들 병수가

"맨날 구박하는데 내가 왜 누나를 추천해, 싫어."

반장이 무슨 인기투표 하는 걸로 아는지 씩씩대는 아이들을 보며 톰 워샴의 기러기 이야기를 떠올렸다.

기러기는 리더를 중심으로 V자를 그리며 머나먼 여행을 한다. 맨 앞에서 날아가는 리더의 날갯짓은 기류에 양력揚力을 만들어 주어, 뒤에 따라오는 기러기들이 혼자 날 때보다 70% 이상 쉽게 날 수 있도록 도와준다고 한다.

옆에서 함께 날갯짓을 하는 동료를 의지하며 날아가는 기러기. 먼 길을 날아가는 동안 내는 울음소리는 앞에서 거센 바람을 가르며 힘들게 날아가는 리더에게 보내는 응원의 소리이다. 만약 총에 맞았거나 아프거나 지쳐 대열에서 이탈하게 되면 다른 기러기 두 마리도 함께 이탈한다. 지친 동료가 원기를 회복해 다시 날거나 죽음으로 생을 마감할 때까지 지키다 무리로 다시 돌아온다고 한다.

하늘 길을 유유히 나는 새들의 비행은 낭만적으로 보인다. 그러나 알고 보면 그들의 날갯짓이나 자맥질은 혹독한 삶을 치러내기 위한 몸부림인 것이다. 노상 분주하고 바쁜 삶 속으로 한 발 한 발 내딛는 아이들에게 새들이 만들어내는 공명과, 방향을 잡기 위해 토해내는 소통의 소리를 설명한들 이해할 수 있을까?

반장이란 위치가 동료들이 쉽게 날 수 있도록 선두에서 바람을 맞으며 날아가는 리더 기러기의 역할과 같다면 이해할는지.

사람 사는 일이 봄처럼 따스할 때보다 겨울처럼 춥고 고단한 일이 더 많은 법이다. 기러기처럼 아주 멀고 험한 길을 내 아이가 갈 수도 있다. 그렇더라도 희망의 씨앗을 품어 싹을 틔우고, 줄기를 밀어 올려 꽃 피울 수 있게 도와주는 것이 엄마의 몫이 아닐까?

동반자

인생의 동반자는 참 많다.

가족, 직장, 친구, 취미……. 하지만 평생을 함께할 동반자를 만나기는 쉽지가 않다. 나는 빠르지도 늦지도 않은 적당한 시기에 동반자를 만나 가정을 이루었지만 자식을 얻는 데는 참으로 긴 시간이 필요했다.

마흔을 훌쩍 넘긴 나이에 올해로 아홉 살인 남매 쌍둥이를 키우고 있다. 그래서 내 인생의 동반자는 남편 다음으로 아이들을 주저 없이 꼽는다.

아이들과 외출하기 위해 차에 시동을 거는데 표정이 심상치가 않다. 아니나 다를까 서로 속상하다며 투덜댄다. 아들이 먼저 말문을 열었다.

"엄마! 누나가 나보고 바보래."

그러자 딸은

“니가 나보고 야 야 그랬잖아.”

하루가 다르게 숨 가쁘게 돌아가는 세상, 엄마 뱃속에서 함께 먹고 자라다가 같은 날 태어났으면 서로 위해 주고 살아야지. 사이좋게 놀다가도 사소한 일로 종종 싸우곤 한다.

어찌 보면 아이들에게 있어서는 서로가 최대의 라이벌이자 동반자가 아니던가. 사이좋은 모습을 보면 기분이 좋다가도 이럴 땐 한숨이 절로 나와 말문을 막는다.

“엄마는 둘 다 마음에 안 들어.”

한마디 하자, 잠시 침묵이 흐른 후 내 눈치를 살피던 아들이 아무리 생각해도 억울한지 혼잣말을 한다. “같은 나이면 친구지. 그래봤자 1초인데, 1초 먼저 태어나 놓고 누나라고 안 하고 야 야 했다고 바보라 하냐.”

“아니거든, 1분이거든.”

반박하는 딸의 말에 웃음이 터져 나왔다. 그에 반해 아이들은 심각한 듯 동시에 물어 왔다. 1초인지, 1분인지.

서류상으로 하려고 하니까 일 분 차이지. 대학병원에서 수술로 낳았으니 대여섯 명 계시던 의사 선생님들이 한 명 꺼내고 또 한 명 꺼냈다 하면 1초 차이가 맞는 말일 수도 있다.

1초면 어떻고 1분이면 어떠랴. 하나가 아닌 둘이라서 감사할 따름이다. 부모의 보살핌을 덜 받게 되었을 때 남들보다 서로 동반자가 되어 의지할 수 있을 테니까.

흐르는 물처럼

오늘도 난 개울이 보이는 둑에 앉아 있다.

집 앞 개울가를 온통 뒤덮고 있는 풀이 눈에 차지 않더니 예쁜 꽃을 피워 눈길을 사로잡는다. 별사탕처럼 생긴 작은 고마리꽃이다. 염소도 먹지 않으니 독성이 강한 풀인가 보다 생각하고 오고 가며 보내는 눈길이 곱지 않았었다. 눈에 보이는 것만으로 판단하는 오류를 범한 것이다. 그래도 고마리는 차가운 눈길에 아랑곳없이 자연의 법칙에 따라 꽃을 활짝 피워냈다.

내가 이사 올 때만 해도 이 개울은 물이 참 맑았었다. 물속에서 노니는 고기들이 훤히 들여다보일 정도로. 어느 날 집에 온 손님이 둑에 서서 개울물을 보고는 맑지가 않단다. 깜짝 놀라서 보니 물이 어느새 오염되어 있다. 머릿속으로는 처음 보았을 때의 맑은 물이 그리워서 우긴다고 맑아지는 것은 아니지만 깨끗한 물이라고 우겼다.

개울가로 내려가 땅을 파 엎어 보니 검게 변해 있다. 며칠 뒤 엎어 놓은 검은 흙에 풀이 더부룩하게 나와 있어서 보니 고마리였다. 더러운 곳에서 자라는 풀이라 하찮게 여겼는데 이렇듯 밤하늘의 은하수처럼 예쁜 꽃을 피워냈다. 오염된 흙을 초록빛으로 덮어주고 이렇듯 개울가를 빨갛게 수놓았다.

산다는 것이 가끔 버거울 때가 있다. 마음먹은 대로 일이 풀리지 않을 때, 하루하루가 고만고만한 일들로 지칠 때면 난 현관문을 열고 나와서 집 앞에 있는 둑에 앉는다. 그저 말없이 유유히 흐르는 개울물을 보며 마음을 비우려고 노력한다. 잠시 날개를 접고 쉬었다가 푸드득 날아가는 새나 햇빛을 받아 반짝이며 흐르는 물줄기에 취해 있다 보면 나도 모르게 무심해진다. 날마다 한 음절씩 올라가는 목소리 잠재우고 내 손길에 따라 말끔해지는 주부의 소임을 웃으면서 할 수 있는 마음의 여유도 생긴다.

달이 밝은 밤이면 달빛에 일렁이는 여울의 물결이며 물속에 비친 덩그런 달에게서 있는 그대로 비쳐주는 정직함을 배운다. 길이도 넓이도 한 점 보태거나 빼지 않는 우직함이다. 이것이 좋을까 저것이 괜찮을까 내게 돌아올 이득이 있는지 자로 이리 재고 저리 재어보는 얄팍한 이기심에서 벗어나게 하여 주기도 한다.

바쁜 일상에서 눈앞에 닥친 일에 쫓기듯 숨 가쁘게 살아가는 삶에 얽매이다 보면 물이 시원스럽게 흐르지를 못한다. 발버둥 치면 칠수록 점점 빠져 들어가는 늪처럼 자신을 웅덩이에 가두어 놓고 제자리를 맴돈다. 대수롭지 않은 일을 가슴에 묻어두고 온갖 상상으로 씨앗을 부풀려 가슴을 답답하게 하고 막히게 만들기도 한다.

나 역시 서운했던 말이나 잘못된 행동들을 마음에 가두어놓고 두고두고 꺼내어 자책하며 살고 있다. 십 년도 넘은 일을 어느 순간 꺼내어 혼자 얼굴을 붉히기도 하고, 상대방은 기억하지도 못하는 사소한 말 한마디를 들추어서 미워하곤 한다. 인간은 망각의 동물이라고 해서 세월이 지나면 잊힌다지만 내 경우처럼 비워내지 못하고 너무 가두어두면 주위사람까지 피곤해진다. 이제 나뿐만 아니라 타인을 위해서까지도 웅덩이에 물꼬를 트고 흐르게 하듯 마음을 비워야 할 텐데……. 작은 물줄기라도 물이 흘러야 강물과 만나듯 마음의 빗장을 활짝 열어 가뿐하게 살아가고 싶다.

깊은 산 바위틈이나 계곡에서 흐르는 맑은 물이 개울이 되고 저수지도 되고 샛강도 된다. 개울이건 바다건 물줄기와 크기는 제각기 다르지만 모두 끊임없이 흐르고 한결같이 높은 곳에서 낮은 곳으로 변함없이 흘러가는 물로부터 장애물이 있으면 돌아갈 줄 아는 여유를 배운다.

흐르는 것이 어디 물뿐이랴. 흐르는 물 따라 나도 흘러가고 지나가 버리는 세월, 우리네 인생. 일상에 찌든 때를 가끔씩 흐르는 물에 씻으면서 살면 괜찮을 것 같다. 살면서 가슴속에 담아 두었던 응어리를 흐르는 물에 말갛게 헹구기도 하면서.

가끔 풀섶에 걸리기도 하고 돌멩이에서 머뭇거리기도 하고 폭포를 만나 아래로 떨어지기도 하지만 변함없이 흘러가는 물을 보며 생각한다. 도리에 순종하여 무리하지 않고 이치에 어긋나지 않는 순리이다. 산야를 깨끗하게 씻어주는 비나 계절의 순환에 할 일을 다 하는 고마리도 모두 순리대로 따르는 것이다.

개울물을 보며 흐르는 물처럼 순리대로 사는 지혜를 배운다.

눈물의 카타르시스

풀잎에 맺혀있는 아침이슬 같은 것이 인생이던가!

"시름없이 가는 인생, 천만년을 못 사는 인생 태평하게 사옵소서……." 흐느끼듯 애절하게 부르는 〈회심곡〉을 듣고 있자니 가슴이 아려 온다. 친정아버지 상청喪廳에서 들었던 테이프를 틀어놓고 하염없는 눈물을 쏟았다.

가까운 친척의 죽음을 겪어 보지 못해서인지 아버지의 장례식에서 '곡'을 처음 해보는 것인데 내가 어떻게 우는지는 신경 쓸 겨를이 없었다. 갑자기 쓰러지셔서 유언 한마디 못하고 돌아가신 아버지의 인생이 서글퍼서 목에서 피가 나도록 울었었다.

장례를 치른 이튿날, 쉰 목소리로 넋을 놓고 있자니 여섯, 일곱 살 배기 조카들이 "이모! 이모는 우는 소리가 이상해." 한다. 우는 소리가 어떠냐며 반문하니까 엄마나 언니들까지 모두 이상하다고 흉내를 낸다.

'애고 애고'나 '아이고 아이고' 해야 되는데 "아아아아 아—이고 아버지." 하며 운다고 하니 내가 그랬던가 싶은 것이 저세상으로 가는 것도 어렵지만 곡하는 것도 쉽지 않다는 생각을 하였다.

그 이튿날은 아버지 삼우제 지내는 날이어서 상식을 올리고 곡을 하는데 마당에서 뛰놀던 조카들이 안방으로 들어와 "이모 또 그렇게 이상하게 우는가 보자." 하고는 둘이 나를 쳐다보고 있으니 울다가 웃기기도 하여 제대로 곡도 못했었다.

상喪을 당했을 때 구슬픈 울음이 크고 길수록 그 집에 효부 났다고 한다. 그래서인지 친척 아주머니가 말씀하신다. 임종하시려고 할 때는 가는 사람 힘들지 않게 아버지를 붙들지도 말고 울지도 말 것이며 임종을 하셔서 곡을 할 때는 크고 길게 하라고 당부하셨다. 그렇다고 효부 소리 들으려고 운 건 아니지만 사랑하는 사람을 잃은 크나큰 슬픔 속에 아버지 장례식 때는 소리 내어 크게 울어도 울어도 운다는 것에 대해 목이 말랐었다.

사람은 태어나면서부터 울음으로 삶을 시작하고 삶의 마지막도 다르진 않다. 비록 죽는 사람은 울지 않을지라도 많은 사람들을 울리며 삶을 마감하니까.

장례식장에서 유족들은 눈물을 흘리며 곡을 한다. 그때의 눈물은 오히려 살아남은 사람들을 위한 것은 아닌지. 돌아가신 분에 대한 애틋한 마음이 애도의 범위를 넘어 병적인 상태로 번져 나가는 것을 울음과 통곡으로서 예방하고자 했던 것은 아니었나 싶다.

사람의 일생은 기쁨과 슬픔으로 짜 가는 한 조각의 비단 같다. 기쁜 일이 있을 때나 슬픈 일이 있을 때나 눈물을 흘리기 마련이다.

울고 싶을 땐 울어야 한다는 말이 맞는 말인 것 같다. 서울대 의대 J교수에 따르면 눈물을 흘리고 나면 사람들은 보통 차분한 마음, 긴장이 풀리는 느낌, 해방감, 잠들어 버리고 싶은 마음을 느낀다고 하니, 실컷 울고 나면 좋아질 수도 있으니까. 그리고 눈물을 흘리는 상태에서 일반적으로 우리의 몸과 마음을 흥분시키는 교감신경은 누그러지고 마음과 몸이 편안해지도록 부교감신경이 활발하게 움직인다고 한다. 평소 깨닫지 못할 때도 조금씩 나오는 눈물은 1일에 겨우 0.6CC로 1년간 모으더라도 230CC밖에 되지 않는다고 한다. 그러나 이 눈물이 눈을 보호하고 각막에 영양분을 운반하고 침입한 세균을 제거하는 등의 중요한 역할을 한다.

눈물은 눈 끝에서만 흘러나오는데 안약을 넣으면 나머지 수분은 눈 끝이 아닌 곳에서도 나오게 된다. TV등에서 배우가 흘리는 눈물이 진짜인지 가짜인지는 이를 통해서 알 수가 있다고도 한다.

울고 싶어도 마음껏 울지 못하던 때가 있었다. 결혼 팔 년 만에 힘들게 가진 아기를 뱃속에서 다 키워 놓고 잘못되어 병원에 입원했을 때, 한걸음에 달려오신 시어머님 앞에서 죄인이 되어 울지도 못했다. 그리고 혼자 쓰는 병실도 아니어서 다른 산모들은 아기 낳고 모두들 젖먹이며 좋아하는데 내 입장만 생각하고 울 수도 없는 일이었다.

비 오는 날의 하늘을 누가 잿빛이라 하였던가. 온통 하얀빛의 하늘에서 쏟아지는 빗줄기를 병실의 창문으로 바라보며 내 눈물이 쏟아지는 듯 삼키던 울음, 하루 만에 집으로 퇴원하자 모두들 돌려보내고 혼자가 되었을 때야만이 울 수 있었다. 그러나 이웃에게 들릴까 신경이 쓰이고 내색은 못하지만 상심하고 있을 남편이 옆에 있을 땐 그나마 울지도 못하였다.

그러기를 한 달, 가슴은 무언가 꽉 막힌 것 같은 느낌이 들고 머리는 멍한 느낌이었다. 방마다 걸려 있는 커튼을 발로 밟아 빨고 이불 빨래까지 하여도 가슴은 점점 더 답답해지고 있었다.

몸이 천 길 낭떠러지 밑으로 한없이 떨어지는 상황과 같을 때는 제대로 눈물을 흘릴 수조차 없는가 보다. 메마른 감정으로 멍한 얼굴로 지내던 어느 날 새벽 두 시, 마음속 깊은 곳에 앙금 되어 있던 눈물이 폭발이라도 하듯 눈물이 펑펑 쏟아지며 울기 시작했다. 잠자던 남편이 기겁을 하고는 걱정을 하지만 한번 터진 눈물샘은 폭포수처럼 흘러 내렸다. 남들을 의식하지 않고 삼십여 분을 엉엉 울며 눈물을 쏟고나니 꽉 메였던 가슴이 펑 뚫리는 느낌이었다. 그리고 몸도 마음도 그렇게 평온할 수가 없었다.

눈물의 카타르시스! 그날 밤 나는 울음으로써 카타르시스를 느꼈다.

힘든 상황에 처해 가슴이 꽉 막인 것같이 막막한 심정이 되었을 때 주르륵 뺨을 타고 흘러내리는 한 방울의 눈물은 얼마나 막힌 가슴을 풀어 주겠는가. 그럼으로써 삶의 근심을 걷어가고 답답함을 시원함으로 변화시켜서, 마음은 투명해지고 삶의 활력을 찾게 되지 않을까.

묵은 차는 향기가 빠지고 맛이 없어진다. 그러나 사탕수수는 묵은 대궁 속에 단맛이 더 배듯이, 사람의 마음은 고통과 시련으로 단련할수록 더욱 더 투명해진다. 즐거울 때나 슬플 때 삶의 고비마다 눈물과 연결되어 있듯 그 고통을 견디게 해주는 것이 한줄기의 눈물이 아닐는지.

울고 싶을 땐 가끔씩 눈물을 흘림으로써 가슴을 비워도 될 것 같다.

어스름

어두워진다는 것은 하루가 사라지는 일이다. 아쉬움에서일까? 난 어스름한 무렵이 좋다. 빛의 시간과 어둠의 시간이 뒤섞여 흘러가는 시간이. 그것도 동틀 무렵보다는 땅거미 질 무렵이 마음을 헤집어 놓는다.

해가 산마루로 사라지고 조금 어둑할 무렵 차창 밖으로 보이는 풍경이 좋다. 산마을에 불이 하나 둘 켜지면 고된 일 마치고 귀가하는 가족들 환영하는 불빛. 옛날처럼 굴뚝마다 밥 짓는 연기가 솟아오르지 않더라도 어스름한 저녁나절, 창가에 불이 켜지면 왠지 따스한 아랫목이 생각나고 화롯불에서 된장찌개가 끓고 있을 것 같은 정겨움이 있다.

새벽 어스름이나 저녁 어스름이나 이 순간은 모든 것을 시작하고 갈무리하는 시간이다. 하지가 갓 지난 요즘은 밖에서 노는 시간을 여덟 시까지로 정해놓았다. 그래도 놀다 보면 재미있는지 딸은 문자 메시지로 시간 연장을 요구한다. 어렸을 적 어두워지는 것도 모르고 놀다보면 "밥 먹어라." 하시며 부르러 오던 어머니가 생각나서 나는 잠시 망설인다. 놀이터로 부르러 갈지, 메시지로 답장할지를.

나이가 들어가면서 점점 무언가 한 꺼풀 숨겨놓은 듯한 어스름이 좋아진다. 맺고 끊음이 확실한 내 성격에 지쳐서 그런지도 모르겠다. 선과 악, 옳고 그름이 확실하지 않으면 개운하지가 않았다. 하지만 요즘은 분명히 선을 긋는 것이 최선은 아니며 때로는 삶에 있어서도 어스름이 필요하다는 것을 종종 느낀다.

내 성격과 취향과는 맞지 않지만 그 나름대로 일리가 있다는 것을 인정해야 되고, 가끔은 미지근한 상태도 괜찮다는 것을……. 그래서 얼마나 많은 말들을 아껴야 하는지를 생각해 보게 된다.

늘 푸른 그곳

내 기억 속의 고향은 초록빛이다. 산소가 무엇인지도 모른 채 오르내리며 뛰어놀던 뒷동산의 잔디, 보리수 따러 산 고개를 넘을 때의 나무, 숲. 그래서 고향을 생각할 때면 아이의 웃음마냥 싱그러워지고 가슴속은 초록빛으로 일렁인다.

높은 산자락에 둘러싸여서 사계절 내내 자연 그대로의 그림을 선사하고 놀이터가 되어주던 곳. 그런 두타산 자락을 떠나본 적 없는 부모님 덕에 오랜만에 고향의 품에 안겨 있음인가. 초봄에 처음 만날 수 있는 홑잎나물을 따면서부터 가슴속 먼 곳에 묻어 두었던 때깔이 되살아나고 있었다.

읍내에 나갔다가 동네 초입에 들어서면 병풍처럼 둘러져 있는 산의 풍경을 바라보고 탄성을 질렀던 날들. 산은 연둣빛에서 초록으로 날마다 제 빛깔을 달리하면서 그림을 바꿔 끼웠다. 먼지 뒤집어쓰고 있는 화구를 꺼내어 수채화를 그린다면 어떤 색을 써야 할까? 사람마다 모습이 다르고 개성이 있듯이 초록빛도 한 가지 색이 아니었다. 붓질 한번 할 때마다 물감과 물의 농도를 달리해서 그려야 할 만큼 나무마다의 빛깔이 달랐다.

화려한 꽃이나 달콤한 열매가 아닌 잎사귀만으로도 너무나 아름다운 나무들은 생명의 경이로움, 황홀함의 극치였다.

추억 속의 고향은 지금 참으로 많이 변해 있다. 밭이 메워지고 산이 헐리면서 모텔이며 음식점이 들어서 있고 어렸을 때는 못 보던 외지인도 살고 있다. 그러나 모내기하고 깨 심느라 바쁜 동네 어르신들은 분명 허리가 굽고 쇠약해졌지만 내 기억 속에는 코뚜레를 한 소를 몰고 쟁기질하던 젊은 시절 모습으로 기억되어 있다. 외양간의 소는 간데없는 지금, 어르신들의 눈에는 펑퍼짐하게 변해버린 내가 밀 보리 까먹고 개울가에서 미역 감던 개구쟁이로 보일까?

무의식중에 고향을 그리워하며 살았던지 타지에서 살 때 꿈속에서는 늘 어렸을 적 뛰어놀던 골목길이 보였다. 소꿉놀이도 하고 숨바꼭질을 하며 뛰어놀다가 밤이면 친구 집 사랑방에서 공기놀이 실뜨기를 하면서 재잘거렸었다. 고향에서 살고 있는 지금, 친구들은 모두 떠나고 없는 골목길에 가 보면 넓게만 보이던 길은 왜 그렇게 작아졌는지, '이놈들' 소리에 꽁무니 빠지게 도망칠 때면 높게만 보이던 돌담은 허물어진 채 세월이 변했음을 말해 주고 있다.

어린 시절이 생각나서 뒷동산이나 들길을 거닐다 보면 왠지 모를 서운함이 밀려온다. 고향은 유년시절의 그곳처럼 늘 푸르른데 나만 홀로 세월을 훌쩍 뛰어 넘은 느낌이 들기 때문일까. 계절이 바뀌면 나뭇잎은 여전히 초록빛이지만 퇴색해 버린 내 어릴 적 꿈은 다음 계절을 기약할 수가 없어서인가.

진한 아까시 향기 날리는 마을 회관에 서 본다. 물오른 연두색 잎사귀를 달고 있는 감나무, 연보랏빛 꽃을 늘어뜨리고 있는 등나무, 팔랑팔랑거리는 미루나무와 벗하고 서 있는 아까시 가지를 동네 개구쟁이들이 잡아끈다. 산언저리에 피어있는 찔레꽃만큼이나 맑고 순수한 아이들. 세월은 흘렀어도 예전의 내 모습이다. 학교에 다녀와서는 책 보따리를 내려놓자마자 개울가에서 올챙이 잡고 고무줄, 비석놀이에 팔려서 해 지는 줄 모르고 놀다 보면 밥 먹으라고 소리치시던 어머니의 목소리가 지금도 들려올 것만 같다.

흙먼지 폴폴 뒤집어쓰고 다니던 십 리 길이 아스팔트 포장길로 바뀌고 쉴 새 없이 자동차가 드나들고 있는 시절이지만 아까시에서 꿀을 찾고 감꽃으로 목걸이 만들던 유년의 추억과 순수는 나무 끝에 매달려 손짓하고 있다.

바람 끝에 더욱 진해지는 고향의 향기. 다 같은 바람이라도 고향의 보리밭을 지나오고 뒷동산의 숲과 밀어를 나누다 온 산들바람이 달짝지근하게 느껴짐은 나 혼자만의 생각인가. 고향의 풀빛 향기 소슬바람 맞으며 굳어있는 얼굴 부드러워지고 일자 눈썹 초승달 되기를, 꾹 다물어 길어진 입에는 아름다운 노래 불러보기를 소망해 본다.

홀딱새

홀 · 딱 · 벗 · 고, 홀 · 딱 · 벗 · 고…….

허술한 복장으로 독기를 내품으며 걷는 내게 들려오는 소리다. 공부는 하지 않고 게으름만 피우다가 세상을 떠난 스님들이 환생하였다는 전설의 새. '카, 카, 가, 코—' 하고 우는데 앞 세 음절의 높이가 같고 마지막 한 음절은 낮아 마치 '홀딱 벗고'처럼 들려서 홀딱새라고 한단다. 그 뜻을 알아서인지 아무리 다른 소리로 들으려 해도 영락없이 벗자고 한다.

누군가를 미워하는 만큼 내 마음이 다친다는 것을 알면서도 멈출 수가 없다. 급기야는 출근하던 길을 산으로 돌렸다. 우암 어린이회관에서 상당산성으로 오르면서도 초록 풍경은 눈에 들어오지 않고 미움만 키우고 있다. 미움이 커질수록 칼끝은 나를 향해 점점 조여온다.

평일 아침시간인데도 산엔 사람들이 많다. 산을 오르내리는 사람들은 초면인데도 밝은 표정으로 인사를 건넨다. 마음은 내키지 않았지만 억지로 밝은 표정으로 인사를 받으며 오르는 내내, 홀딱새는 홀딱 벗자고 홀딱홀딱 울어댄다. 그 소리는 가슴 한편에 메아리가 되어 수양을 더 쌓아야 한다고 성냄을 버리라며 내 마음의 빗장을 풀어준다.

새 이름은 몰라도 늦봄부터 한여름까지 산에 오르는 이는 들어보았을 소리. 원래 이름은 검은등뻐꾸기로 희귀종 여름새다.

새는 같은 종일지라도 계절에 따라, 상황에 따라 각기 다른 소리를 낸다. 거기다 일부 새는 지역에 따라 높낮이가 다른 사투리까지 쓴다고 한다. 그러니 같은 새라도 듣는 사람에 따라 다른 소리로 들릴 터이다.

지나가는 분에게 무슨 소리로 들리느냐고 물었다. "글쎄요?" "혹시 홀딱벗고라고 안 들리세요?" "그러고 보니 그러네요." 하면서 웃는다.

한결 편안해진 마음으로 입술을 뾰족하게 모아 '호오올' 해 본다.

발걸음이 가볍다.

마음의 평화를 얻는 곳

보름달은 비추지 않아도 가로등 불빛이 시골에 위치한 친정집 마당을 환히 비추고 있다.

씨감자만 한 열매가 달려있는 푸릇푸릇한 모과나무 뒤로 삼각형의 건조실 지붕이 보이고 채마밭에선 키재기를 하듯 갖가지 푸성귀들이 다투어 꽃을 피우고 있다. 쑥갓, 상추, 아욱 등이 너무 커서 세어 버리면 이렇듯 노랗고 하얗게 꽃을 피운다는 것을 미처 깨닫지 못하였었다. 한 움큼씩 시장에서 사다 먹는데다가 어쩌다 시골에 들러도 바쁘게 돌아와서 그러하였던가. 가로등 불빛 아래에서 황홀하게 시선을 끄는 꽃 중에 샛노랗게 핀 쑥갓꽃이 유난히 아름답다.

화장실에서 턱을 괴고 앉아 아름다운 밤경치를 보다 보니 재래식 화장실에서 풍기는 역한 냄새도 상관이 없다. 커다란 웅덩이에 널따란 나무 두 개 얹어 놓고 흙벽으로 둘러싸인 곳에서 볼일은 이미 끝나 있고 쪼그리고 앉아 있는 다리는 아까부터 저리고 있지만 한 폭의 수채화 같은 정경에 매료되어 마음은 새털처럼 포근하다.

나무로 듬성듬성 엮어 만든 화장실 문틈으로 별들이 뚝뚝 떨어질 것만 같은 밤에 돌담 위로 줄기가 올라온 호박꽃이 호롱불을 켜 놓은 듯 함초롬히 피어 있는 것을 보니 옛 생각이 난다.

전기가 없던 어린 시절, 밤에 화장실이라도 가려면 얼마나 무섭던지 문밖에서 어머니가 호롱불을 들고 계셨다. 달걀귀신이 나온다는 화장실에서 나무 밑의 구멍이며 높다란 천장이 불빛만으로는 안심이 안 되어 어머니의 목소리를 수시로 확인하곤 하였다.

아침에 맞이하는 화장실은 밤과는 달랐다. 동이 터 잠이 덜 깬 얼굴로 앉아 있다 보면 문틈 사이로 아침 햇살이 빛나고 지저귀는 새소리에 상쾌한 기분으로 하루를 시작할 수 있었다.

화장실에서 바라보던 사계절의 경치는 지금도 눈에 선하다. 나뭇잎에 움트는 연둣빛과 채마밭의 여린 싹에서 봄을 느낀다. 아까시 향기에 취해 초여름 밤은 깊어만 가고 논에서는 개구리가 요란스레 울어대었다. 비라도 오는 여름날 비를 피해 멀리 떨어진 화장실에 가려면 외양간이 딸린 초가집 처마 밑으로 돌아다녔다. 후드득 떨어지는 빗소리 들으며 볼일이라도 보려면 장엄한 오케스트라를 듣는 듯하였다.

가을이 되면 풀벌레 소리, 귀뚜라미 소리의 하모니가 이루어지고, 바람이 불어오면 낙엽 몇 장 회오리에 쏠려 작별 인사라도 하듯이 화장실 문 앞에서 머물다 어디론가 떠밀려 가기도 하였다. 눈이 소복이 쌓이는 겨울이면 마당가에 쌓아 놓은 볏단이 유리집 같았다.

그 유리 집에 상상의 나래를 펴곤 하였는데…….

모과나무 잎새가 일렁이는 것으로 보아 남실바람이 부는가 보다.

아버지가 중풍으로 쓰러지셔서 아파트는 싫다며 한사코 이 시골 집만 고집하실 때는 화장실이 문제였다. 궁여지책으로 안채에 수세식으로 만들었을 땐 아무 문제가 없었으나 수세식의 물이 재래식 화장실로 흘러오니 모처럼 집에 들러 아름다운 경치를 구경하며 느긋하게 볼일 좀 보려면 '철썩' 하며 올라오는 인분 세례, 그 낭패감이라니.

그래서 등장한 오줌통은 바람결에 묻어오는 솔향기 맡으며 돌담 밑에 다소곳이 놓여 있다. 오줌통의 출현으로 다시 평화를 찾은 이 재래식 화장실이 자세는 불편하지만 마음이 편안한 건 벽에서 풍기는 흙냄새와 우리 가족의 인분이 합쳐진 곳이기 때문일까. 아니면 아버지의 손때가 묻은 채 화장실 뒤편에 놓여 있는 장군과 똥박의 향수 때문일까.

수세식이면서도 나만의 공간이었던 화장실이 있었다. 전에 근무하던 직장에서 조금이라도 방심하면 사고가 나는 '돈'을 취급하고 고객들을 상대해야 하는 긴장된 업무 중에 마음 놓고 쉬던 2층 화장실. 그때의 화장실은 나에게 있어 휴식의 공간이었다. 고객과의 마찰이 있거나 직장 동료와의 견해 차이에서 스트레스를 받을 때 눈을 감고 잠시 명상에 잠기기도 하고, 콧노래를 흥얼거리며 소나무 숲 울창한 곳에서 새소리 물소리 들으며 자연과 산책하는 상상의 나래를 펴면 내 모습은 밝은 표정으로 바뀌어 있었다.

한낮의 졸음이 파도처럼 밀려올 때면 화장실로 달려가 고객들의 시선에서 벗어나 맨손체조도 해 보고 입을 갖가지 모양으로 크게 벌려 대며 얼굴 근육을 풀다가 그래도 눈까풀이 자꾸만 내려앉으면 눈을 붙이기도 하던 곳, 때론 꿈까지 보너스로 얻기도 하였다.

지금도 그때처럼 콧노래를 불러 본다. 가로등 불빛 아래로 수없이 날아다니는 나방이며 하루살이들이나 내 노래 소리를 들을까 사위는 고요하다. 하루살이들도 배설물이란 것이 나올까 하는 엉뚱한 생각을 하여 본다. 아무데서나 찍찍 갈겨 대는 새, 개, 닭 등에 비해서 너무 작으니 그런 생각을 하였겠지만 배설물이 있더라도 사방이 화장실일 터이다.

호롱불에서 백열등으로 바뀐 것만 빼고는 예전과 변함없는 화장실을 둘러보다가 흙으로 된 벽면에 갈라진 틈을 보니 웃음이 나온다. 지금은 메웠지만 귤 크기만 한 구멍이 있던 때다. 화장실을 들어오다가 돌담 너머로 길을 가던 동네 머슴애와 눈이 마주쳤다. 순간 야릇한 생각이 들어 머슴애가 지나가는 걸 확인하려고 구멍에 눈 한쪽을 대었더니 그 구멍으로 눈 한쪽이 다가오고 있었다. 서로 깜짝 놀라 웃어 넘겼지만 다음에 머슴애와 마주쳤을 때 구멍에 대해서는 서로 입 밖에 내지 않았다.

캄캄한 밤 마루에는 요강이 놓여 있고 이른 새벽, 똥박으로 장군에 가득 채운 인분을 지게에 지고 밭으로 나가시던 아버지의 뒷모습, 산골 마을의 아침은 화장실에 부산하게 드나들던 조그만 발자국들과 시작되었었지.

이슬 머금은 나팔꽃을 바라보며 앉아 있던 옛 시절의 화장실, 지금도 변함없는 친정집 화장실에서 마음의 평화를 느낀다.

연꽃

심산유곡의 절간에 서면 공기마저 향기로운 듯하다.

초록빛 숲에서 여기저기 피어 있는 산꽃이나 뜰에 피어난 꽃의 향기가 넘쳐온 탓일까. 이끼 낀 바위틈에서 졸졸졸 흐르는 석간수를 마시며 마음이 맑고 심성이 고운 사람들이 기거하여서 그러한가.

비바람에 탈색된 단청을 보며 법당 안으로 들어선다. 세속에 찌든 마음도, 모든 고뇌도 일순간에 사라지고 평온해지는 것은 부처님을 모시는 곳이기 때문일까. 무엇을 간절히 비시는지 연꽃으로 둘러 싸여있는 불상을 향해 절을 하고 있는 불자들의 모습이 보인다.

불자들의 등 뒤로 하오의 햇살 자락이 정겹게 비추고 천장에는 부처님 오신 날 기원했을 연등이 줄지어 있다. 저 많은 등에는 어떠한 사연들이 있을까. 모두가 진실되고 간절한 소망들이 담겨 있으리라.

정성을 다해 기원하는 연등이 연꽃 모양이듯이 연꽃은 불교와 인연이 깊다. 부처님께서는 청정하거나 지혜로운 사람을 곧잘 연꽃에 비유하셨다고 한다. 또한 연꽃이 불화佛花로서 매우 중요한 상징적인 의미를 지니고 있는 데에는 연꽃이 지니는 품격이나 특성 때문이 아닐는지.

옛날 뜻있는 선비들은 자기 나름대로 꽃을 좋아하는 서열대로 등급을 매겨 자기의 철학을 꽃으로 나타내는 관습이 있었다. 그중에 일품에 해당되는 연꽃은 진흙탕 속에서 피어오르지만 언제나 깨끗하고 청초한 모습을 하고는 더러운데 살면서도 그 물이 몸에 묻지 않는다.

꽃잎으로는 술을 만들기도 하고, 연통음蓮筒飮이라 하여 여름날 연잎을 술잔으로 삼아 기다란 연잎 대를 통해 술을 마시면 더위가 간다고 하여 피서 방법으로 옛 선비들이 애용하기도 하였다고 한다. 자신을 되돌아볼 여유도 없이 숨 가쁘게 살아가고 있는 요즘, 자연 속에 동화되어 자연과 호흡하는 옛 선비들의 풍류와 멋이 얼마나 멋진가.

숲에서 불어오는 산들바람에 풍경소리 은은하다. 그윽하고 우아한 자태로 피어 있는 연꽃을 볼 때처럼, 탈색된 단청이며 스님의 장삼이 마음을 포근하게 하여준다.

쏟아져 내리는 햇살 아래 장삼 자락을 펄럭이며 가는 스님의 모습은 곱게 피어있는 연꽃 같다. 물 위에는 연꽃과 함께 수련이 떠 있고 늘어진 버드나무도 비친다. 새벽녘 이슬을 또르르 굴러 내리며 떠오르는 햇살에 쩍 벌어지는 연꽃은 열매와 꽃을 한꺼번에 달고 꽃이 지고 나면 벌집 모양으로 생긴 열매를 맺는다. 그 속에 든 단단하고 매끄럽게 생긴 씨를 연밥이라고 하는데 연밥은 먹기도 한다. 연잎은 잔잔한 수면 위로 연두색의 많은 우산을 펼쳐 놓은 것 같고 갑자기 비라도 후드득 내리면 연잎 한 장으로도 비를 가릴 만큼 크고 시원하다.

중국의 문인들은 연꽃을 보고 꽃 가운데 군자花中君子라고 표현했다고 하는데 다음은 북송 주렴계의 〈애련설愛蓮說〉이다.

"내가 오직 연꽃을 사랑함은 진흙 속에서 났지만 물들지 않고 맑은 물결에 씻어도 요염하지 않으며 속이 소통하고 밖이 곧으며 덩굴지지 않고 가지가 없다. 향기가 멀수록 더욱 맑으며 우뚝 깨끗이 서 있는 품은 멀리서 볼 것이요, 다붓하여 구경하지 않을 것이니 그러므로 연꽃은 꽃 가운데 군자라 한다."

이렇듯 칭송받는 연꽃에는 오묘한 법칙이 잘 드러나 있기 때문에 만다라화라고도 한단다.

연꽃에는 홍련과 백련이 있다. 천장에 걸린 연등의 색깔 또한 의미하는 뜻도 다르다. 각색의 등은 현세에 사람들의 마음을 밝히는 진리의 등불이고 하얀등은 돌아가신 분의 저승길을 밝히는 영가등靈茄燈이라고 한다. 불자들의 소망이 담긴 저 많은 등 중에 내 가족 나 자신만을 위한 발원보다 모든 중생들을 위해 등불을 밝힌 연등이 많으면 좋겠는데…….

돌아오는 부처님 오신 날에는 모든 중생들을 위해 등불을 밝혀 보리라 생각하며 법당을 나선다.

5

분粉 향기와 어머니

낭랑하게 지저귀는 새 소리에 눈을 떴다. 고향에 온 것을 실감한다. 시골의 산뜻한 공기를 마시며 걷다 보니 우물물이 솟아 나오는 빨래터까지 발걸음이 옮겨졌다. 맑은 물로 세수를 하니 가슴속까지 시원한 느낌이다.

돌담 밑에서 함초롬히 피어있는 채송화 한 송이를 꺾어들고 대문을 들어서는 내게 어머니는 "새벽부터 어딜 갔다 오니?" 하신다.

"동네 한 바퀴 돌았어요. 엄마! 이 꽃 예쁘죠?"

"화장 해 봐라, 우리 딸이 더 예쁘지."

날마다 화장한 얼굴로 직장 다닐 때는 집에 들러서 맨 얼굴로 있어도 아무 말씀 없으시더니, 집에서 애들 키우느라고 화장은 외출할 때나 하고 파마는 언제 했는지 항상 커트머리만 하고 있는 딸이 마음에 안 드시나 보다. 생각해 보면 시댁에는 한껏 치장하고 갔어도 친정나들이에는 편해서일까 화장기 없는 얼굴에 옷도 입던 옷 그대로 오곤 하였었다.

거울 속의 나를 바라본다. 얼굴에는 살아가는 모습이 다 드러나 보이게 마련인데, 거울 속의 얼굴은 세상의 고뇌를 다 짊어진 듯한 모습이다. 화장을 하시는 어머니 앞에 앉아 스킨을 집어 들고 얼굴에 바른다. 얼마 만에 느껴보는 상큼함인가.

"엄마, 이거 못 보던 화장품이네요."

"응, 인례가 사다 줬어."

어머니의 화장품은 다 쓰기 전에 내가 미리 사다 드렸었는데, 직장을 그만두고 시골로 이사 가서 애들하고 애면글면 살아가고 있는 언니 대신 여동생이 사 드렸나 보다. 초라해진 모습을 감추기라도 하듯 나는 분첩을 톡톡톡 얼굴에 두드렸다.

진한 갈색의 립스틱으로 입술만 대충 그리고 일어서려는 내게 마주 앉아서 화장하시던 어머니는 "젊은 애가 환하게 좀 해 봐라." 하시며 붉은 색을 내미신다.

그러고 보면 입술을 무슨 색깔로 그렸느냐에 따라서도 느낌이 달라지듯 사람에게는 저마다 가지고 있는 색깔이 있다. 개성이라는 눈에 보이지 않게 독특한 색깔이 있고, 옷과 화장품 등으로 꾸미는 눈에 띄는 색깔이 있다. 아름다운 옷은 빨갛고 노랗게 갖가지 색으로 치장하고 살아가다가 낡아서 해지기도 하고 빛바랜 옥양목 빛깔로 퇴색하기도 한다.

분粉으로 꾸민 색도 얼마나 가겠는가. 그러나 삶에서 저절로 우러나오는 빛깔은 감추려고 해도 더욱 빛난다. 특히 어머니라는 이름의 빛깔은 오래도록 남는다. 화장을 하지 않아도, 옷으로 치장하지 않아도 더하거나 빼지 않은 어머니의 진면목을 진솔하게 드러내 보인다.

내게는 아주 소중하게 보관하고 있는 분이 있다. 언젠가 친정어머니의 병간호를 할 때 화장대를 열어보니 겉이 낡고 색도 바래진 둥그런 분갑이 눈에 띄었다. 살구색과 하얀색의 바탕에 검정색으로 버섯 같은 모양이 그려져 있는 분갑을 신기하여 요리조리 돌려가며 보았다. 가격이 350원이라고 적혀 있으니 어머니가 젊으셨을 때 쓰시던 분인 듯하다.

손끝이 떨림을 느끼며 조심스럽게 열어 보니 분홍색 가루분이 반이나 넘게 들어 있다. 끼니도 잇기 어려웠던 시절에 큰 마음먹고 사시었을 화장품일 텐데, 아끼고 아껴서 바르다가 남았던가.

어머니의 손길이 묻어 있는 분백분粉白粉의 냄새를 맡아보니 향은 다 날아갔는지 아무 냄새가 없다. 윤기 흐르던 젊음은 사라지고 여기저기 아픔만 남아있는 어머니의 모습을 보는 것 같아 가슴속이 아련히 아파왔다.

옛날 한국의 여성들이 그랬듯이 어머니는 시집온 첫날 창호지 문틈으로 아버지의 얼굴을 처음 보았다고 한다. 땅 한 뙈기 없는 농촌으로 시집와 육남매 낳아 기르시고 아버지 명의로 땅을 일구신 것을 보면 분이 반이나 넘게 남아 있는 것이 이해가 간다.

만들어진 지 오래된 듯한 매끄러운 분을 보다가 '한국여성의 멋'에 대한 전시장에서 받아 들고 온 책자를 펼쳐보았다. 백분과 색분으로 대별되는 분의 역사는 사천 년이 넘는다고 하니 분은 오래전부터 사용되었다.

타고난 아름다움을 가꾸는 미용에 주안을 두어 엷은 색조의 은은한 화장을 즐겨 하던 선조들은 백색 피부로 가꾸는 가장 손쉬운 방법으로 백분을 사용하였다고 한다. 달밤에만 피는 분꽃 열매 속에 들어 있는 가루를 주로 사용하였고 그 밖에도 활석, 백토 및 황토, 조개껍질 등이 사용되었다.

언젠가 화단에서 꽃잎을 오므리고 있는 분꽃을 본 적이 있다. 꽃 밑으로 콩보다 약간 작은 까만 씨가 있어서 깨물어 보니 단단한 껍질 속에서 하얀 가루가 있었는데 그것이 분의 재료인가 보다.

재배하기 쉬운 일년생 분꽃을 집 주변에 심고는 여문 씨를 말려 절구에 찧거나 맷돌에 갈아 체에 쳐서 자가 제조하여 사용하였다고 하니, 아름다움을 간직하고 싶은 여성들의 노력은 예전이나 지금이나 변함이 없는 듯 하다. 하지만 맑고 깨끗한 피부를 갖고 싶은 희망에 비해 옛날 여성들의 일상은 고달픔의 나날이어서 얼굴을 매만질 여유가 없었을 것이다.

어스름 날이 밝으면 멀리 떨어진 우물가에서 물동이로 물을 길어와서 항아리에 가득 채운다. 허리 한번 펴 볼 새 없이 일하면서도 한 끼니라도 배부르게 먹어보지 못했을 궁핍했던 시절이다.

낮에는 밭에 나가 김을 매고 등잔불을 켜 놓은 긴긴 밤에는 길쌈을 하였을 것이다. 그 틈새로 아이를 낳고 어느 정도 한숨 돌릴 때쯤이면 또 애를 낳아서 애 키우는 일과 집안일, 농사일로도 바쁘니 여유 있게 분 바를 시간이 어디 있었겠는가.

창에 달빛이 비칠 때나 처마에 빗방울이 뚝뚝 떨어지는 밤 물레질이며 바느질로 밤을 지새우셨을 어머니. 숭늉이 맛없는 듯하면서도 아주 감미로운 맛과 빛을 풍기듯이 맨 얼굴로도 친근한 아름다움을 느끼지만 요즈음 어머니는 화장을 즐겨하신다.

나와 무릎을 맞대고 화장을 하시는 어머니를 바라본다. 당신 몸 돌볼 새도 없이 자식에 대한 사랑 하나로 살아오신 만큼 주름살이 늘었지만 단아한 이마, 초승달 같은 눈썹, 박같이 말간 얼굴은 언제 보아도 푸근하고 정겹다.

처음으로 화장을 해 보는 십팔 세 소녀처럼 진지하게 입술을 그리고 있는 모습을 보고 있으니 웃음이 피식피식 나온다. 입술 안쪽으로 혀를 넣어서 입을 동그랗게 한 다음, 빨간색 립스틱으로 정성을 들여 그리고는 입술을 오므렸다 폈다 몇 번 하시더니 거울을 놓으신다.

심혈을 기울였다고는 하나 멋 부릴 줄 모르는 딸이 보아도 잘 그렸다고 할 수 없는 화장이다. 그래도 세월의 고달픔과 사랑이 스며 있는 어머니의 얼굴은 마음속 깊은 모성에서 우러나오는 아름다움과 멋이 있다. 그 아름다움은 시간이 지나도 바래지 않고 시들지도 않는다. 오히려 세월이 흐를수록 더욱 아름다워지는 것이다.

화장기가 없어도 분을 바른 듯 정갈한 빛깔로 편안함을 주는 어머니를 나는 사랑한다.

들길에서

삽상한 소슬바람이 불어오는 가을날, 길을 나선다. 길가에선 누런 호박덩이가 익어가고 연한 황색 꽃을 피우고 달린 왕고들빼기의 종자가 바람에 날릴 차비를 하고 있다.

한적한 시골이라 길가 옆에 야산이 있다. 산언저리에 보랏빛으로 무리 지어 핀 쑥부쟁이가 푸른 소나무와 잘 어울린다.

들길 따라서 쑥부쟁이가 흐드러지게 피어있는 표지 그림의 책을 작년 이맘때 우편으로 받았었다. '들꽃을 보며'라고 쓰인 책의 표지를 넘기면 맑고 순수한 미소를 띤 사진이 있는데 '故'라는 글자가 왠지 낯설어 보인다.

사진 속의 언니는 폐암 말기 선고를 받고 팔 년 동안 투병하다가 작년 가을 하늘나라로 갔다. 그 언니를 안 지는 몇 년 안 되지만 항상 내 가슴속에 따뜻하고 순수한 미소가 자리 잡고 있으면서도 미안한 마음이 있다. 어쩌면 내가 지금 두 살배기 쌍둥이를 업고 유모차에 태워 들길을 거닐 수 있는 것이 그 언니의 덕인지도 모른다.

폐암 말기라는 얘기를 들었을 때 이기적인 마음은 내 몸을 먼저 생각하고 언니에게 가까이 다가서지 않았다.

결혼한 지 팔 년이 넘도록 아기가 없어서 직장까지 그만두고 병원에 다니던 나는 혹시 병이 옮지나 않을까 늘 조바심 태웠다. 여럿이 식탁에 둘러앉아 된장찌개로 수저가 들락날락할 때도, 비 오는 날 파전 하나 시켜놓고 동동주로 우정을 나눌 때에도, 나도 모르게 거리를 두었었다. 나 혼자면 괜찮은데 내 자식에게는 절대 안 된다는 옹졸한 마음이 자리하고 있어서 그러했나 보다.

병원에 다니다가 운 좋게 바로 임신이 되었다. 집에 누워 있으면서 언니에게 임신 소식을 알려야지 하면서도 선뜻 전화를 하지 못하였다. 언니는 항암제를 맞아서 머리는 다 빠지고 몸은 힘들어도 내게 아기 좀 점지해 달라고 아침저녁으로 기도해 주고 있었다.

아기가 뱃속에서 안전하게 자리 잡을 때쯤 언니에게 임신소식을 알렸다. 너무나 기뻐했다. 두 명을 기도했었는데 한 명은 임신소식이 곧 있었고 내 소식을 무척이나 기다렸다고 한다.

언젠가 언니 집에 갔을 때 산뜻한 이파리에 하얗게 핀 치자꽃을 처음 보았다. 거의 숨 막힐 지경에까지 황홀한 그 향기가 좋아서 자꾸만 맡곤 했는데, 그 언니를 만나면 항상 미소가 지어지고 행복한 것이 치자꽃 향기를 맡을 때와 같았다.

치자꽃 향기가 그리워 쑥부쟁이 한 송이를 꺾어 들었다. 가을의 청량함이 언니의 맑은 얼굴처럼 가까이 다가온다. 아이들이 꽃을 달라고 손을 내민다. 보랏빛 꽃송이를 손에 쥐어주고 들판을 바라본다.

들큰하게 불어오는 바람에 꽃잎이며 나무들이 몸을 내맡기고 있다. 바람이 부는 대로 쏠리다 일어나고 또 다시 일어나고, 죽음과 삶의 고비에서 숱한 나날들을 고생한 그 언니처럼 연약한 것 같으면서도 강인한 모습이다.

밭둑에서 은회색으로 피어있는 억새가 바람이 불면 부는 대로 누우며 온몸으로 바람을 맞고 있다. 힘들여서 가진 아기가 칠 개월 만에 잘못되었을 때의 허망함. 전화 목소리로 불행을 느낀 언니가 집으로 왔다. 내 앞에선 애써 밝은 표정으로 언니를 생각하면서 위안을 삼으라고 위로하였다. 나중에 언니 남편한테 들은 얘기지만 언니는 그날 날 생각하며 엉엉 울었단다.

들길에 서니 가을걷이가 한창이다. 새파란 벼포기로 따가운 햇살과 줄기차게 쏟아지는 소낙비를 견디어내고 황금물결로 넘실대던 들판이다. 볏짚으로 쌓아놓은 노적가리에서 할 일을 다 한 자의 여유로움을 본다. 빈 들은 모든 것을 내어놓고 이렇게 텅 비어 있는데 난 무슨 욕심이 많아서 만족과 감사를 모르고 사는가. 아기만 있으면 다른 건 필요 없다는 소원이 십 년 만에 이루어졌는데 내 마음속엔 자꾸만 또 다른 욕심덩어리가 생겨난다.

그럴 때면 들길을 나선다. 아무리 작고 하찮은 풀꽃이라도 다 꽃을 피우고 한 방울의 이슬이라도 받고 있다. 그리고 열매 맺는다. 작은 것에도 만족하고 감사할 줄 아는 내가 되자고 다짐하면서 미루나무 시원스레 뻗어 있던 길, 소달구지라도 얻어 타면 기분이 마냥 좋았던 어린 시절의 들길을 떠올린다.

내 아이들을 대할 때 욕심에 차서 불만인 얼굴로 대하면 아이들의 표정이 밝지 않으나 미소를 띠고 밝은 얼굴로 대하면 금세 깔깔거리고 웃으면서 잘 논다. 쌍둥이 보느라 지치고 시골에서의 삶이 고달프다고 생각될 때면 하늘나라로 간 언니를 생각한다. 고운 모습으로 자식들한테 기억되게 하려고 언니는 늘 화장하고 집안일 깔끔하게 정리하면서 자식들을 보듬어 안았었다.

≪들꽃을 보며≫ 책에 언니 아들이 쓴 시가 있다. "우리 엄마는 하늘나라에서 시 한 편 쓰고 계시겠지? 무지개 타고 내려오셔서 일 년만, 한 달만, 아니 단 하루라도 엄마랑 같이 있고 싶다."라는 시다.

정말 하늘에서 시 쓰고 있을까? 하루만이라도 다시 이승으로 온다면 찌개 한 냄비 서로 수저로 떠먹다가 남은 국물 맛나게 들이킬 수 있을 텐데…….

가을햇살이 내가 서 있는 들길이며 산야에 내리쬐고 있다. 지금쯤 그 언니가 잠들어 있는 산소도 햇살 가득하리라.

대지랭이의 겨울

창窓가에 소리 없이 눈이 내리면 고향이 그리워진다.

이른 아침 눈을 떠보면 하얀 눈이 소복이 쌓여 있어 눈싸움도 하고 눈사람도 만들며 뛰어 놀던 유년 시절이 그리워 약수통 하나 들고 무작정 나선다. 증평에서 송산 다리를 건너 대지가든 푯말을 따라 자동차로 십여 분 달리니 대지랭이가 보인다.

망꼴에서 까치밥 몇 개 달려 있는 감나무를 지나 대봉산 자락에 가면 밭일을 하거나 나무를 하러 산에 오를 때 목을 축이던 산기슭의 옹달샘이 약수터가 되어 있다. 그 옹달샘 위로 늦가을에 떨어졌을 낙엽 몇 장 헤치고 보니 그 속에 눈 내리는 하늘이 담겨져 있다.

옹달샘에는 밤이면 하늘에 촘촘히 박혀 있는 별들도 담겨질 테고 노루, 토끼 등 산짐승들이 목을 축이고 갔을지도 모른다. 봄이면 산과 들에 화려하게 피어 있는 꽃잎 흩어져 있고, 여름이 되면 초록의 싱그러움 사이로 송사리 몇 마리가 유유히 헤엄쳐 놀고, 울긋불긋 단풍이 물들 때면 주위의 감나무가 옹달샘에 비쳐졌을 것이다.

대봉산의 사계를 온통 머금고 있는 옹달샘의 약수터, 땅속에서 끊임없이 솟아오르는 물을 한 모금 마시니 상쾌함이 이내 기분까지 개운하다.

대지랭이의 약수가 언제부터 유명해졌는지는 몰라도 새벽부터 자가용이고 택시고 용달차가 줄을 잇는다고 한다. 공기 맑고 사람들의 발길을 타지 않는 산에서 나는 물이라 많이 찾아오는 것 같다. 우리 내외도 주말이면 부모님도 뵙고 약수도 뜰 겸하여 자주 찾는다. 오늘도 눈 내리는 약수터에서 약수를 받아 들고 산자락에 감싸인 마을을 보니 어릴 적 겨울밤이 생각난다.

겨울방학이 시작되고 친구 집 사랑방에서 또래끼리 놀다가 밤이 깊어 출출해지면 밥과 김치를 훔쳐 오기로 편을 나누었다. 휘영청 달 밝은 밤, 밥 훔치러 가 보면 사랑방에선 등잔 불빛 아래 새끼 꼬는 아저씨의 모습이 창호지 문에 비치고 '어험' 하고 헛기침이라도 하시면 등골이 오싹해지며 우리의 발걸음은 살금살금 까치발로 바뀌었다.

군불을 지핀 불씨와 부뚜막의 온도로 먹기 좋게 되어 있는 밥을 가마솥에서 소리 내지 않고 훔치려면 한 손으로 가마솥의 끝을 잡고 다른 손으론 손잡이를 들어 올리면 되었다.

안방에서는 아낙네의 바느질하는 소리가 잠자는 어린아이 숨소리와 겹쳐지고 인심 좋은 집에선 아예 우리 같은 서리꾼을 위해 밥을 더 지어 가마솥에 두던 시절이었다. 김치는 볏짚을 엮어 지붕을 만들고 땅에 묻은 항아리에 보관하였다. 김치를 많이 먹는 집일수록 항아리가 깊어 꺼내기가 힘든데 땅바닥에 배를 깔고 꺼내면 얼마나 차가운지 손까지 얼얼하곤 하였다.

이 집 저 집에서 훔쳐 온 밥과 김치에 들기름을 두르고 화롯불에 비벼 냄비 바닥에 숟가락이 닿도록 서로 떠먹던 일을 생각하니 입가에 침이 저절로 고인다.

밥 훔치다 실수라도 하면 와장창 하는 가마솥 소리에 '걸음아, 나 살려라.' 도망치던 친구들이 지금은 학부형이 되어 있다. 모두들 대지랭이를 떠나 살고 있지만, 이웃집 소년만이 성장을 멈춘 채 대지랭이 땅에 묻히게 된 때도 또래 애들과 동네를 휘젓고 다니며 놀던 겨울밤이었다.

어스름 달빛이 비치는 밤에는 숨바꼭질을 하였다. 찾는 사람은 앞산 아래에 있는 방죽까지도 쫓아가 임무를 완수하기도 한다. 숨는 사람은 장독대, 나무 위, 동네 어디나 숨을 수 있고 더러는 볏단 뒤에 숨어서 조는 경우도 있다. 이웃집 소년도 졸았는지는 몰라도 '꽉' 하고 소리치며 놀래 준 그 길로 우리는 그 애를 볼 수가 없었다. 또한 우리들은 애들이 죽으면 장례를 상여로 치르지 않고 거적에 둘둘 말아 지게에 지고 간다는 것과 심장마비로도 죽을 수 있다는 걸 알았다.

우리가 어릴 때 즐겨 놀던 숨바꼭질을 지금의 아이들은 하지 않지만 현대인들이 살아가고 있는 삶의 모습이 숨바꼭질의 연속이 아닌가 싶다. 어디엔가 꼭꼭 숨어 있을 것 같은 행복이나 부, 명예, 권력을 찾으려고 숨가쁘게 살아가고 있지 않은가.

이웃집 소년이 살아 있었으면 나와 같은 나이일 텐데……. 내겐 어릴 적 총명하고 순수하던 모습만으로 기억되고 있다. 수정같이 맑은 고드름을 따먹으며 비료 포대 위에 앉아 미끄럼 타던 일, 꽁꽁 언 방죽에서 팽이를 돌리며 썰매 타던 일, 구슬치기도 하고 들꽃과 풀을 뜯어다 소꿉장난하던 이곳에서 어린 시절로 돌아가 다시 뛰어 놀고 싶은데 옛 추억만이 맴돈다.

자치기, 공기놀이를 하며 뛰어 놀던 공터에 들어선 마을 회관, 그곳에 동네 사람들이 거의 모이는 계절이 겨울이다. 예전에는 사랑방에서 새끼 꼬고 가마니 짜며 농한기인 겨울을 보냈었지만 지금은 TV를 보거나 빈 화투를 치다 점심 식사는 이 집 저 집 돌아가며 내어 공동으로 하신다. 자식들은 다 도회지로 떠나고 두 노인네만 점심을 대충 차려 드시는 것보다 팥죽도 쑤고 호박죽도 끓이고 비빔밥도 해서 같이 드시는 풍경이 여간 정겨운 것이 아니다. 젊은 아낙이래야 나이 육십이 넘은 분들이어서 좀 고생은 되겠지만, 재미있기도 하고 어른들 모시기가 좋다고들 하신다.

어느 집이 손자를 보게 되고 며느리를 본다거나, 어느 집 딸내미가 빨래하기 힘든 부모님 생각해서 세탁기를 사오니 효녀이고, 또 지난 공일엔 어느 집 아들이 왔는데 몰라보게 컸다는 등 마을의 모든 소식이 회관에서 오고간다.

농사나 가계에 보탬이 되었던 새끼나 가마니 대신 비닐이나 철제가 등장했으니 세월이 빠르고, 세상이 좋아졌다고도 할 것이다. 고지박을 주우며 땔감을 준비하고 군불을 지펴 밥을 지었지만 요즘은 스위치만 누르면 난방이며 밥이 해결된다.

잔설 위에 삐쭉이 나온 보리를 어른 아이 할 것 없이 밟던 파란 밭들이 이 겨울엔 황토빛 뿐이다. 그 땅을 사러 서울 등 외지의 차들이 몰려오고 대봉산 옆 자락의 산이며 산 밑의 밭주인들이 외지인으로 바뀌고 있다. 이제 대지랭이 사람들도 땅 판 돈으로 도회지의 건물을 사 놓고 삶의 터전이었던 농사일에는 애착이 없는 듯하다.

고향 마을인 대지랭이에서 점점 더 황량해지는 농토를 바라보노라니 화롯불에 둘러앉아 고구마 구워 먹고, 이불을 깔아 놓은 아랫목에는 저녁밥이 늦은 자식을 위해 넣어 둔 밥공기가 있고, 아이들의 웃음이 마을 곳곳마다 배어 있던 그 겨울이 그립다.

대지랭이의 봄

연둣빛 산으로 둘러싸인 나의 고향 대지랭이의 봄은 언제나 분주하다.

24절기 중 첫 번째인 입춘이 지나면 농사의 주가 되는 고추, 담배를 위해 비닐하우스를 설치하고 씨 뿌리는 일들로 바빠진다. 마른 씨앗을 뿌려 파릇한 새싹 돋아나게 하고, 부지런히 일하며 땀 흘리면 좋은 결실 있다고 믿는 순박한 사람들이다.

겨우내 천렵이라 하여 커다란 가마솥에 불 지펴가며 동태찌개 끓이고 땅에 묻은 맛깔스런 김치에다 막걸리를 곁들여 동네사람 모두 어울려 노는 것도 한 해의 피로를 씻고 농사일을 하기 위한 준비단계일 것이다.

야트막한 산 언덕배기에 염소들도 놀러 나온 봄날. 외사촌 오빠네 밭고랑에서 친정동네 어른들과 고추를 심으니 이름난 여행지로 나들이 가는 것보다 몸은 힘들지만 마음은 편안하기 그지없다.

얼었던 땅에서 서서히 봄이 움터오면 긴 겨울 잔설 속에서 움츠렸던 나물들은 검은 머리 나풀거리며 찾아주는 시골 소녀들은 없어도 변함없이 솟아 나와 잃었던 옛 꿈을 키워주고 있다.

돌미나리 뜯던 논 둑, 냉이 캐던 과수원, 묘지 뒤로 푸릇푸릇하던 자갈밭 속의 달래, 산자락 어귀의 씀바귀, 돌나물을 뜯으러 칼이며 호미 들고 쏘다니던 고향의 산과 들. 예전과 다름없이 초목은 우거지고 수풀 사이로 갖가지 들꽃들 아름답게 피어 있다.

콧잔등에 땀 난 얼굴로 열심히 고추 모판을 나르는 외종질들을 보니 나의 어릴 적 모습을 보는 것 같다.

도회지 친구들은 놀이동산으로 놀러 다니는 일요일, 부모님을 따라 언니들과 밭에 나와 일하다 보면 어찌나 허리가 아프고 일하기가 싫은지 내일이 시험 보는 날이라고 거짓말이라도 하고 싶었다. 시험 중에만 일하는 데서 해방될 수 있었기 때문이다. 꾀병을 부려 길 옆 야산에 올라보면 옷 벗은 가지엔 갈색 잎새 하나 둘 걸쳐 있고 성질 급한 진달래는 봄을 재촉하듯 봉우리 져 있다. 진달래 한 아름 꺾어 빈 병에 꽂아 꽃이 피기만을 기다리면 봄은 어느새 성큼 다가와 있었다.

산비탈의 보리 고랑을 타고 오는 바람을 맞으며 밭둑에 앉아 까맣게 되어버린 운동화를 벗으니 흙이 우수수 떨어진다. 지금은 운동화를 이렇게 일할 때도 신는데, 초등학교 졸업식이 생각난다.

강당에서 교문까지 후배들이 마주보고 서서 배웅하던 졸업식날,

6학년들은 양쪽에서 후배들이 치는 박수 소리 들으며 일렬로 학교를 떠나고 있었다. 중간쯤 왔을 때 뒤꿈치가 헤어져서 구겨 신은 내 운동화를 뒤따라오던 친구가 밟았다. 일렬 행진하는 친구들을 거슬러가며 찾은 운동화 한 짝, 그 시절엔 조금만 걸어도 발에 새카맣게 물이 드는 검정 고무신보다 찢기어진 운동화가 더 좋아 신었을 테지. 난 졸업의 슬픔보다 창피함이 앞서 고개를 푹 수그리고 한손엔 찢어진 운동화 한 짝을 들고 절룩거리며 교문을 나왔다. 부모님이 안 오셨으니 다행이지 딸의 모습을 보았다면 얼마나 가슴이 아프셨을까.

어렸을 적 대지랭이에는 감나무와 딸기가 많았다. 대봉산 자락 감나무 밑에서 딸기가 익어 가면 어머니는 새벽이슬 맞으며 남의 집 딸기를 따셨다.

딸기로 가득 찬 무거운 함지박을 머리에 이고 행여 증평에선 아는 사람 만날까봐 괴산, 청천 등에서 이 집 저 집 팔다가 어둑해질 무렵 들어오시곤 하였다. 동구 밖에서 언제 오실까 기다리다가 함지박을 받아 든 건 어머니를 도와드리려는 것보다 먹고 싶은 딸기가 남아 있는지 보려고 그랬던 나. 몇 해 전 철부지 딸의 병간호를 위해 오셨을 때 말씀드리니 원 없이 먹으라며 딸기를 한 소쿠리 사 오신 어머니는 대지랭이를 감싸고 있는 대봉산처럼 나에게 든든한 '산'이라고나 할까?

산의 품에 안겨 있다 보니 산의 고마움을 몰랐다. 답답한 산을 벗어나고 싶어 고교시절 멀미한다는 거짓말로 통학에서 자취로 바뀐 지 10여 년의 생활 후, 지아비의 아내로 가정을 꾸리다 보니 다시 산이 그립다. 그래서 그 산을 보려고 주말이면 자주 찾는지도 모른다.

비닐하우스에서 갓 나온 여린 고추모를 정성스럽게 옮기시는 칠순 노인은 도시 같으면 경로당에서 이야기꽃을 피우고 계실 텐데, 농촌으로 시집와서 한평생 농사밖에 모르고 농사짓는 것을 천직으로 아시며 살아 오셨을 것이다.

고추모를 자식 다독거리듯이 토닥거리며 심던 어르신이

"니 시집보내듯이 이 고추도 지금 시집보내고 있는 겨." 하며 웃으신다. 고추 모는 시집을 보내야 잘 큰다고 한다. 씨를 뿌린 고추를 그 자리에 그대로 두면 잎만 무성하지 고추가 잘 달리지 않아 딸자식이 결혼으로 엄마 품을 떠나듯이 다른 땅으로 옮겨 심어야 빨갛고 싱싱한 고추가 주렁주렁 열린다고 한다.

이제 정성스럽게 심은 고추가 어느 정도 크면 튼튼한 기둥이 되게 고추대도 박아주고 비바람에 쓰러지지 않고 버티도록 줄도 매어 준다. 시집간 딸 잘살도록 노심초사 도와주는 어머니처럼 때론 비료도 주고 병들지 않게 약도 주면서 보살펴 준다.

이 작은 고추도 보답하듯 무럭무럭 자라 제 몫을 다할 테다. 콩밭 이랑에 심은 열무꽃이 무리 지어 산들바람에 일렁이고 고추밭에 아까시 향기가 스며드는 완연한 봄이 오면 연둣빛 감나무 잎도 눈부시게 빛나겠지. 그러면 대지랭이 친정집 뒤뜰에 떨어진 감꽃으로 목걸이를 만들어 휴일에도 쉬지 않고 처갓집 일을 도와주는 든든한 나의 가장에게 걸어나 줄까. 봄볕 내리쬐는 대지랭이의 고추밭에서 이제는 나의 '산'이 된 그이의 든든한 어깨가 아지랑이처럼 피어오른다.

들국화

 들국화는 청초하다.

산의 초입이나 들녘 비탈길에 들국이 없으면 얼마나 황량할까. 산야에 피어 있는 들국화로 가을이 더 낭만적인지도 모른다.

해맑은 하늘을 그대로 닮은 듯한 모습으로 피어있는 들국화. 치마저고리를 입은 산골 처녀의 모습처럼 소탈하면서도 청순해 보이는 모습을 바라볼 때면 마음까지 편안해지곤 한다.

가을이 되면 똑바로 서 있지도 못하고 밑동이 어디론가 쏠려서 피어 있는 꽃에 유난히 관심이 많다. 잔디 위에서 뛰어 놀던 기억의 언저리에는 산소가 무엇인지도 모르고 동그란 봉분 위에서 누가 먼저 뛰어 내리나 내기를 하던 뒷동산자락에 지금 생각해 보면 들국화가 무성하게 피어 있었던 것 같다.

진달래나 코스모스는 꺾어다 꽃병에 꽂아 놓았지만 들국은 기억

나지 않는 것을 보면 아름답다고 느끼지 않았던 듯 싶은데, 요즘 들어 관심이 가고 눈길이 가는 것은 나도 이제 나이가 들었다는 증거일까.

맑고 어여쁜 들국화가 피고 지는 모습을 보면 우리의 인생과 흡사하다는 느낌을 받는다.

이슬을 머금고 동글동글 매달려 있는 봉오리들은 이제 막 세수를 끝낸 어린아이의 얼굴처럼 상큼하다. 새벽에 일어나 이슬이 맺힌 꽃을 보면 그 상큼함에 정신이 맑아지며 향기로워지기까지 한다.

가꾸고 돌보아 주는 이가 없어도 밭둑이나 야산 언저리에서 피고 지는 모습은 사십이 넘은 여인의 꽃 같은 느낌이 든다. 정열적이고 화려한 시절은 갓 지나고 이제 완숙한 모습으로 제 삶을 사는 사오십 대. 화려하게 치장하지 않아도 삶에서 우러나는 아름다움이 절로 배어나는 어머니 세대 여인의 모습이다.

야트막한 산언저리나 바위틈, 들녘 어느 곳을 둘러보아도 흐드러지게 피어있는 들꽃 속에 국화는 항상 모습을 드러낸다. 쑥부쟁이, 산국, 감국, 구절초, 미역취, 참취꽃 등 산야 어디에 무성하니 가을은 국화의 계절이라고 해도 무리는 없을 듯하다. 가을이 오감을 자극하며 더욱 살아 있음을 느끼는 것은 지천으로 피어있는 들국화 때문이리라.

노드롭 프라이가 자연의 사계 신화 중 가을의 미토스를 비극으로 표현했듯이 들국화는 가을의 끝과 겨울의 초입 사이에 주로 핀다. 꽃이 피고 녹음이 깃들며 아름답게 치장한 계절에 수많은 꽃들이 피고 진 뒤, 겨울을 앞두고 마지막으로 꽃을 피우는 들국화는 다른 꽃들과는 달리 곧 이별을 해야 하는 여인 같은 느낌이 든다. 어쩌면 느지막이 산야에 쓸쓸히 피어 서리가 내리기를 기다리고 있는 것 같기도 하니 사람으로 치면 인생의 갈무리를 한다고나 할까.

꽃 피고 난 뒤 열매를 맺어 바람을 기다리는 다른 꽃들과는 달리 미처 꽃봉오리를 열지도 못한 채 서리를 맞는 것을 보면 미래의 내 모습인 양 가슴이 떨려온다. 함부로 대할 수 없는 고고함까지 갖추고 은은한 향취를 내며 피지는 못할지라도, 산속 후미진 곳 어느 곳이든 누가 보아주지 않아도 저 혼자 피었다 지는 것까지도 못한 채 꽃봉오리로 겨울을 맞는다면, 그리하여 국화꽃 저 버린 겨울 뜨락에 봉오리채 마른 국화가 내 노후의 모습이라면…….

가을이 다 가는 것도 모르고 국화꽃 향기에 취해 있다가 서리가 내리고 날씨가 쌀쌀해지면 선뜻 정신을 차리게 된다. 서리 맞은 꽃봉오리가 되지 않으려면 꽃이 피고 나서야 가을을 느끼기보다 여름부터 미리 가을을 준비하고 겨울을 생각할 테다.

겨울의 내 뜨락에 들국화가 활짝 피어 있어서 보는 이에게 미소가 지어지게 하고 마음까지 편안하게 해 준다면 무엇을 더 바랄까. 들국화 만개한 삶이 욕심이라면 그 비슷한 향취라도 풍겼으면 하는 마음이다.

고샅

고샅 사이로 봄이 오고 있다.

바람마저 휴식을 가질 것 같은 고요함에 빡빡한 일상을 잠시 부려두었다. 무채색에서 유채색으로 변신하는 계절이니 살아있는 것들은 가쁜 숨을 몰아쉬며 꽃단장을 한다. 돌 틈 사이로 살포시 고개 내민 마디풀 새싹, 노르스름하게 변한 개나리, 몽우리만 진 어렴풋한 봄 내음에도 마음이 설렌다.

이제 이 골목도 해찰하며 마실 나가던 길이 아니라 분주한 발자국, 농기구 소리로 왁자해질 테다.

비탈길을 따라 집들이 촘촘히 있다. 어릴 적에는 커다랗게 보이던 고향의 집들이 왜 그리 오밀조밀한지……. 조잘거리던 또래들은 다 어디로 갔을까?

흙먼지 날리며 뛰어다니던 골목길은 시멘트로 바뀌어 낯설다. 그래도 어릴 적 놀던 곳이라서 눈을 감고도 찾을 수 있다. 해찰하며 걷는 길마다 추억들이 살아난다. 시멘트 속에 숨은 흙길의 숨결 속에서 그 숨결과 호흡하면서 자랐다.

아무 생각 없이 걷다 보니 골목이 막혔다. 지금은 이름마저 잊은 어릴 적 저세상으로 간 친구네 집 대문이 버티고 있다. 발길을 돌리는데 돌담 틈 사이에서 풀꽃이 인사한다. 사람의 모듬살이란 게 풀꽃의 한 삶과 다를 게 무엇이 있으랴.

내게는 골목길 하면 숨바꼭질하고 자치기가 생각난다. 그런데 지인의 풋풋함이 묻어나는 얘기를 들으며 설렜던 적이 있다. 두근거리는 가슴을 애써 누르고 눈을 파르르 떨면서 입술은 닿을 듯 말 듯……. 갑자기 내 가슴마저 콩닥거린다. 골목길 가로등 밑이 첫입맞춤 장소라 하면 요새 아이들은 이해나 할까?

산골마을의 고샅과는 다른 분주함이 있는 곳을 얼마 전에 방문하였다. 전주 한옥마을은 골목골목 걷는 맛이 있다. 은행나무길, 술도가길, 오목대길, 가리내길 등 이름마저 정겹다.

나지막한 한옥 담장, 햇살 가득한 골목길에서 오래전 잃어버린 나를 찾을 수 있었다. 담벼락에 새겨진 이삿짐센터의 광고는 어린 시절 골목길에 대한 향수를 느끼게 한다. 햇살 뛰노는 골목에서 고무줄놀이 하던 햇살과 먼지의 놀이터. 금방이라도 밥 먹으라 부르던 엄마의 목소리가 들려올 것 같다.

목적지 없이 길을 따라 느릿느릿 걷다 보면 시간조차 천천히 흐른다. 천천히 흐르는 시간은 내 마음에 걸린 빗장을 풀라고 일러준다.

시간만 허락된다면 하루 종일 걷고 체험하다가 기와집에서 하룻밤 머물고 싶다.

개발이란 것이 과거와 현재를 어울리지 않게 섞어버린다. 좁다란 골목을 넓히고 담장은 새로 단장하였다. 삐거덕거리는 낡은 마루나 흙먼지 쌓인 골목길과는 거리가 멀어 아쉬움이 있다. 그래도 전통이 현재와 공존하며 살아있다.

고샅은 이웃과 소통하는 연결고리이다. 조무래기들의 일상과 꿈이 담겨있고, 대문을 나서서 이웃을 만나고 바깥세상에 첫발을 내딛는 곳이다. 그리운 것들의 시작이다.

가을에 받은 최고의 보석

가을이 무르익을 무렵이면 맑고 어여쁜 들국화가 피어난다.

호젓한 산야山野에 핀 들국화는 세속에 때 묻지 않은 순수와 청초함까지 느끼게 하는데 그런 들국화를 보면 배시시 웃음이 나온다. 무뚝뚝한 경상도 사나이인 남편에게서 꽃을 받던 때가 생각나기 때문이다.

남편을 만난 것은 스물여섯 살의 생일날이었다. 인천에 사는 친구에게서 처음 소개받았을 때는 첫눈에 반한다거나 사귀고 싶다는 생각이 없었다. 이상형하고는 전혀 거리가 멀어 나는 말없이 앉아 있었고 같이 간 친구하고만 이야기를 나누다 헤어졌다.

청주로 내려오면서 별난 만남도 있구나 생각하였다. 친구가 생일잔치를 치러 준다고 하여 놀러 간 인천에서 남자를 소개받을 줄이야.

남들은 가을만 되면 가을을 탄다고 하던데 10월이 생일인 나는 직장일과 공부 그리고 동생들을 돌보는 생활로 가을을 탈 시간적 여유가 없었으나 그해 가을은 남달랐다. 노랗게 물든 은행잎을 보며 가슴이 설레기도 하고 바람에 일렁이며 떨어지는 낙엽을 보고는 고독을 느끼었다.

이십여 일이 지났을까. 가을을 타며 쓸쓸한 분위기에 젖어 있는 내게 “만나보고 싶은데요.” 하는 경상도 억양의 소리에 “저두요.” 한 건 순전히 가을 탓이었다.

주말 데이트를 몇 번 하다가 겨울로 접어드니 가을 분위기에 취해 있던 나는 정신이 번쩍 들었다. 만나지 않겠다며 전화를 끊으니 그는 일기 형식으로 된 편지를 매일 보내왔고 답장을 하지 않으니까 다음엔 등기로 부쳐 왔다.

애원하듯 만나자고 전화한 그에게 다시는 연락하지 말라며 매몰차게 끊은 이튿날, 그는 카메라를 들고 놀러가자며 청주로 내려왔다. 직장 앞에서 퇴근하길 기다리고 있는 그를 멀리 떨어진 다방으로 데리고 가며 남들 눈에 들킬세라 조바심을 내고 있는데, 그는 때마침 내리는 첫눈에 마음이 들떠 있는 것 같았다.

다방에서 좀 심하다 싶을 정도로 말을 한 뒤 택시를 세워 그를 무작정 태웠다. 억지로 떠밀린 그는 만남의 끈을 연결하려는지 카메라를 택시 밖으로 던져 길에 떨어뜨렸는데 난 그 카메라를 주워서 도로 택시 안으로 던졌고 택시는 떠나갔다.

만남은 쉬워도 이별은 어려운가 보다. 이 년 뒤에 우린 결혼하였고 남편에게 첫눈이 올 때마다 카메라 이야기를 꺼내면, 청주의 성

안길을 첫눈을 맞으며 걷고 싶었는데 내가 너무 매정하게 굴었다며 지금까지도 화를 낸다.

결혼한 지 이십여 년이 된 지금은 사랑한다는 말에 남편이 인색하다. 나를 사랑하느냐고 물으면 '사랑 안 해.' 하면서 목소리가 한 옥타브 올라간다. 첫눈 오던 날과 꽃을 바치면서 사랑한다는 말을 수없이 했는데도 내게서 '사랑' 소리를 못 들어본 신혼 시절이 생각나서 오기로 그런다는 것을 뻔히 알면서도, 난 첫눈 오던 날 택시에서 카메라는 왜 던졌느냐며 약을 올린다.

사랑의 유효기간이 삼 년이라고 하니 진짜로 사랑하지 않는지도 모른다. 하지만 진짜 속마음이 어떤지는 몰라도 우매한 나는 신혼시절처럼 사랑한다는 말을 수없이 듣고 싶으니 어쩌란 말인가. 그래서 여보! 내가 이야기 하나 해 줄게. 어느 무인도에 '사랑해'와 '사랑안해'가 정답게 살았는데 어느 날 '사랑안해'가 그만 바다에 빠져 죽었대. 그럼 그 무인도에는 누가 있어? 하면 무슨 의도인지 알아차리고는 내게 눈을 흘기면서 무조건 "몰라."이다.

술을 마시어 기분이 좋아지면 사랑한다고 말할까?

그는 담배를 피우지 않지만 술은 끔찍이도 좋아한다. 결혼 초에는 불그스레한 얼굴로 나타나 꽃다발을 건네면서도 들어와서 하는 말은 "술상 좀 차려 와 보아라."이다. 내가 술을 못 마시어 맥주를 주로 마셨는데 애주가인 남편은 술잔이 오고가는 맛이 없다며 마실 때마다 핀잔을 주니 내게 오기가 생겼다.

직장을 다니고 있으니 토요일을 D-DAY로 정하고 술상을 차렸다. 이슬 같은 방울이 송골송골 컵 위에 있는 하얀 거품으로 올라오는 맥주잔을 바라보다가 눈 딱 감고 한 번에 마셔 버리니 그의 눈이 동그래지며 허허 웃는다. 태어나서 처음으로 맥주 한 병을 마시니 기분이 좀 묘하고 방이 빙글빙글 돌다가 정신을 잃었나 보다. 온몸이 끓어오르는 고통을 느끼며 식은땀을 흘리는 내게 술 마시니 웃긴다며 놀리면서 속 버린다고 물을 억지로 권하던 기억밖에 나지 않는다. 아! 필름이 끊긴다고 하던데 이런 것인가 보구나. 술을 마시고 난 뒤엔 이렇게 심한 고통이 따르는가 본데 왜 술을 마시는지 이해할 수가 없었다.

춥다가 열이 오르다를 반복하니 친정어머니가 끓여주던 미역국이 먹고 싶어졌다. 고기나 기름 어떤 것도 넣지 않고 미역과 국간장으로만 끓이는 미역국을 그에게 부탁하였다. 내가 일러준 대로 한참을 쿵타당타 소리를 내어 들여온 국을 한 모금 먹다가 뱉어 버렸다. 미역국에 계란을 푸는 사람이 어디 있냐며 핀잔을 주자 "계란에 영양가가 많다고 하데." 하는 그.

그렇게 시작한 맥주를 박스째 사다 놓고 그와 서너 병을 똑같이 마셔도 기분만 좋아지니 나도 이제 술꾼이 다 되었나 보다. 요즘은 소주를 배우고 있는데 어찌나 쓴지 도대체 무슨 맛인지 모르겠다. 하지만 인생의 단맛 쓴맛 다 겪듯이 살다 보면 그 쓴맛의 유혹을 느낄 때가 있지 않을까. 상쾌하고 시원한 맥주를 내가 사랑하게 되었듯이…….

가끔씩 남편을 소개시켜 준 친구와 통화할 때면 스물여섯 살의 생일 선물은 내 생애 최고의 선물이라고 말하며 살고 있다. 하지만 편지를 매일 등기로 부치고 주말마다 인천에서 청주를 오르내리던 열정이 사라졌는지, 아니면 경상도 사나이인 무뚝뚝한 본색이 드러난 건지 요즘의 그는 내 표현대로 간이 크다 못해 몸 밖으로 나온 남자이다.

생일선물 치고는 최고의 남편을 스물여섯에 받았지만 해마다 가을에 돌아오는 생일날은 실망으로 이어진다.

지나간 해의 생일 며칠 전엔 시어머니께 전화를 드렸더니 "니 생일날 갸한테 졸라서 맛있는 거 얻어먹어라." 하신다. 일부러 남편이 보는 앞에서 달력에다 생일 날짜에 크게 동그라미를 쳐 놓았더니 "뭔데 그러노?" "응 이날 내 생일이에요. 어머님이 당신보고 맛있는 거 사 달래요." "나 돈 없다. 먹고 죽을 돈도 없는데 밥 사 먹을 돈이 어디있노." 한다.

경상도 남자들이 말은 저렇게 해도 속으로는 다 생각하고 있다고 친구가 말했지 기다려보자, 이렇게 생각하면서 기다렸는데 생일 전날이 되었는데도 아무 소리도 안 한다. 알고도 그러는 건지 모르고 그러는 건지는 몰라도 '어떻게 해 주겠지.' 하고 말 안 하고 기다리고 있다가 그냥 지나치면 나만 손해 볼 것 같아서 "내일 내 생일인데, 어떡할까요?" 했더니 대답은 없고 텔레비전만 본다.

드디어 생일날 아침, 열심히 상을 차리고 있는데 남편이 현관문을 열고 나가기에 선물 가지러 가나 보다 하고는 기다리는데 영 안 들어온다. 아무 소리도 없이 밥도 안 먹고 그냥 출근한 것이다.

친구가 생일잔치 해 준다는 것도 거부하고 하루 종일 만나자는 전화를 기다렸는데 전화가 없다. 할 수 없이 회사로 전화를 해서 "여보, 오늘 내 생일인데 저녁 어떡할까요." "생일이 뭐 중요한고, 나

오늘 늦는다 전화 끊자."

그러면 그렇지 포기하고는 찬밥을 비벼 먹는데 왜 그렇게 서럽던지. 그러면서도 생일이 뭔지, 혹시나 꽃이라도 사 들고 올까 싶어 기다려지는데 시간은 흘러 열 시가 돼도 전화도 없고 안 들어온다. 워낙 평상시에도 늦을 때 전화가 없었으니까 기다려 보기로 했다.

드디어 열두 시가 거의 다 되어서 초인종이 울리어 반갑게 쫓아나가 문을 열어 주니 붉은 얼굴로 나타난 그에겐 아무것도 안 보였다. 그래도 뒤에다 감췄을 거야 기대를 했는데 빈손이다. 아냐, 주머니 속에 들어가는 조그만 선물을 샀을지도 몰라 잔뜩 기대를 하면서 씻고 나오기를 기다렸는데 아무 소리를 안 한다.

"저, 오늘 내 생일인데 선물 안 사 왔어요?" 하는 말이 나가자마자 "남편인 이 몸뚱이만 왔으면 됐지. 그 이상 무엇을 바라노." 한다.

기가 막힌 상황이지만 그래도 맞장구치며 살아가는 아내라서 그런지 실실 웃음만 나온다. 저렇게 무뚝뚝하고 분위기가 없는 사람이 어떻게 첫눈을 맞으며 걸을 생각을 하고 꽃집에 가서 꽃을 골랐을까. 꽃은 받는 사람보다 주는 이의 마음이 더 곱고 예쁠 것이란 생각이 나 혼자만의 착각인가.

연애시절에 편지를 주고받던 때가 생각나 그이의 회사로 이따금 편지를 띄운다. 편지가 배달될 때쯤이면 가슴 설레며 혹시나 기다려 보지만 잘 받았다는 말조차 하지 않는다. 한참 뒤에 물으면 그때서야 퉁명스럽게 받았단다.

그렇게 퉁명스럽고 정이 없는 것처럼 행동하면서도 나만 옆에 없으면 날개 잃은 새처럼 하고 있다며 아내를 보통 사랑하는 남자가 아니라고 주위에선 말한다. 속으로 백날 생각만 하면 누가 알아주는가 표현을 해야지, 그래서 가끔씩 날 사랑 하냐고 물어보면 '사랑 안 해.'를 외치면서도 내 콧구멍에 손가락을 걸며 "어쩌다 당신이 나한테 코가 꽉 껴서 이 고생이야." 한다.

그러면 그동안 무뚝뚝한 행동들로 인해 받았던 화가 저절로 풀리고 눈시울이 적시어지면서 스물여섯의 가을에 쓸쓸하기를 잘했고, 그 가을의 생일날 소개받은 남편이 내 생애 최고의 보석이라고 외치며 산다.

나를 사로잡는 것들

초겨울 햇살이 참 따스합니다.

뒤뚱거리며 노는 아이들의 등 뒤로 햇살도 따라 움직입니다. 딸아이가 '엄마.' 하고 부르는 소리를 듣고 아들도 따라합니다. 얼마나 사무치게 듣고 싶던 소리인지요. 행복한 모정이 나를 사로잡습니다. 아무리 짜증나고 힘들어도 '엄마.' 하고 부르면 전 기쁨에 사로잡혀서 달려간답니다.

빨랫줄에 내 가족의 살갗과 속살대던 빨래를 넙니다. 딸이 엄마를 따라서 한다고 옷을 널어보지만 땅바닥으로 떨어져서 흙이 묻습니다. 빨래를 너니 내 마음까지 개운합니다. 빨랫줄에 걸린 기저귀는 햇살을 받아서 더욱 더 희게 보여 눈이 부십니다. 내 손으로 기저귀 빨 수 있는 날을 얼마나 기다렸던지요.

인생길에도 애벌빨래를 해서 세탁기 버튼만 누르면 되는 쉬운 길이 있고 하나하나 손으로 정성스럽게 비벼 빨아 다듬이질하는 고단한 길도 있습니다. 그동안 저희 집에 아이들의 소리가 들리기까지는 고단한 여정이었습니다. 한 장의 달력만 넘기면 불혹에 접어들지만 이제 막 초보엄마를 벗어나려고 하는 쌍둥이 엄마이기 때문이지요.

그동안 마음속은 온통 아이 생각뿐이었습니다. 어떻게 하면 아이를 가질 수 있을까 하는 생각뿐 다른 것은 돌아볼 새가 없었지요. 십 년 만에 낳은 쌍둥이가 이제 걸음마를 시작하고 보니 이제야 주변의 경치가 마음을 사로잡습니다.

철모르고 돋아난 풀잎에 맺힌 이슬이 햇살을 받아 영롱하게 비칩니다. 꼬불꼬불 나 있는 오솔길이 산모롱이로 숨었습니다. 끝이 안 보이는 그 길을 따라가면 어릴 적에 나를 사로잡았던 추억들이 새록새록 솟아나겠지요.

어릴 적 추억에 젖다 보면 온몸은 거문고 줄을 퉁기듯 현弦이 되어 아이들과 시골길을 거닙니다. 고개 숙인 수수목 수런대고 벼이삭 나풀대던 들판이었는데 이제는 벼 그루터기만 남아 있습니다. 할 일을 다 한 들판엔 내리는 햇살까지 한가해 보입니다.

길옆에 있는 외딴집의 처마엔 열 타래도 넘게 무청을 엮어서 달아 놓았습니다. 멸치 우려낸 물에 된장을 약간 풀어서 시래깃국을 끓이면 온 가족이 둘러앉아 먹던 어릴 적 밥상이 생각나겠지요.

바람이 쌀쌀해지면 뜨듯한 아랫목이 생각납니다. 처마 밑에는 고드름이 주렁주렁 달려 있어도 군불 지핀 방안에 화롯불 하나 놓여 있으면 따뜻했지요. 화롯불에는 된장찌개가 끓기도 하고 군밤이나 고구마를 구워먹으며 옛날 얘기를 듣기도 하였지요. 아랫목 이불 속엔 밥공기가 묻혀 있고 화로에서 찌개가 끓던 평화로운 모습이 그립습니다.

창호지문에서 문풍지가 요란스럽게 울러대는 새벽녘이면 아랫목은 이미 식어 있어 이불깃만 끌어당겼습니다. 그럴 때면 아버지는 군불을 지피셨답니다. 가마솥에 물 가득 부어 놓고 우리들 따뜻한 물 쓰게 할 겸 방도 데울 겸 해서지요. 지금 생각해 보면 그 당시 아버지의 말없는 사랑 또한 나를 사로잡는 일들 중의 하나랍니다.

과수원에서는 때깔이 나지 않아서 미처 따지 못한 사과가 한 자락의 햇살이라도 더 받으려고 발돋움합니다. 저 사과나무는 겨울의 추위 속에서 새 생명을 잉태하는 인내가 있었기에 열매 맺을 수 있었겠지요. 색깔이나 모양 때문에 대접받지 못하는 사과일지라도 꽃을 피웠을 것입니다. 봄바람이 살랑 불어오면 열매 맺기 위해서 떨어지는 꽃들로 능금 과수원에는 꽃눈이 내렸을 겁니다. 내년 봄에 아이들과 그 꽃눈을 맞으면 나를 사로잡는 것들 중에 하나가 될 테지요.

그런가 하면 삶이 빚는 갖가지 소리도 좋습니다.

산골에 살포시 비가 내리면 부엌에선 군불 때는 소리와 도마 소리가 장단을 맞추었습니다. 보릿짚이나 깻단을 땔 때 덜 털린 알들이 타다닥 튀는 소리와 부침개에 들어갈 호박 써는 소리이지요. 군불 때는 연기가 뒤뜰로 기어 퍼지고 마을의 굴뚝마다 연기가 솟아오르면 청솔가지 타는 냄새가 고샅길마다 자욱했습니다.

개울가에 얼음이 녹아서 졸졸졸 소리 내어 흐르면 볕바른 뜰에서는 갓 부화한 노란 병아리가 삐악거리고, 겨우내 외양간에 갇혀서 커다란 눈만 깜빡이던 소도 봄이 좋은지 코를 벌름거리기도 하였지요. 그러면 나는 소달구지 탈 생각에 미리부터 신이 났습니다.

보리밭 이랑에 바람이 살랑거리면 하늘에는 종달새가 지저귀고 뒷동산 산소 위에는 할미꽃이 피었지요. 싱그러운 풀 내음이 지금도 느껴집니다. 토끼풀을 꺾어서 왕관이며 반지를 만들어 멋도 내 보고 은은한 향기를 풍기는 들꽃을 꺾어 머리에 꽂으면 금세 동화 속 나라의 공주가 되곤 하였습니다.

바구니 하나 들고 들로 산으로 뛰어다니며 나물을 뜯던 시절에 고향집 사립문을 열면 강아지가 먼저 나와 꼬리를 살랑거렸지요. 고샅길로 접어드는 돌담 밑에는 제비꽃이며 원추리, 채송화가 피기도 하고 아침이면 돌담을 감고 올라간 나팔꽃이 이슬 머금은 싱그러운 모습으로 인사하기도 하였습니다. 달 밝은 밤이면 초가집 위에 박꽃이 하얗게 피어나고 덩그러니 놓여있는 박은 달이 지붕 위로 내려온 것 같은 느낌이 들기도 하였지요.

이런 자연을 보는 것도 좋지만 아이들과 함께할 때가 제일 행복합니다. 육아일기에는 아이들이 나를 행복한 엄마로 만든 일들이 모두 기록되어 있지요. 처음 만나던 날의 감흥은 시간이 지나도 색이 바래지지 않습니다. 머리를 단정하게 빗고 두근거리는 가슴으로 한 발짝 한 발짝 링거 줄을 꽂은 채 신생아실로 향했습니다. 아들은 자고 있었고 딸은 반짝이는 눈으로 나를 쳐다보고 있었는데 눈물부터 쏟아졌습니다. '이 엄마한테 오는 데 십 년이란 시간이 걸렸구나. 지금이라도 와 주어서 고맙다.' 기쁨에 겨워 우는데 옆에 있던 산모까지 덩달아 울더군요.

새록새록 잠을 자는 티 없이 맑은 얼굴을 보면 숨 쉬는 것까지 향기로울 것 같이 예쁘답니다. 아이 입에 젖을 물렸을 때의 벅찬 희열, 나오지 않는 젖을 빠느라고 애를 쓰는 애처로운 모습까지 저를 기쁘게 했습니다. 조금 지난 어느 날 눈썹이 제 색깔을 내는 것을 발견했을 때 얼마나 반갑고 신기하던지요. 하루하루 눈에 보이게 커 가던 아이가 옹알이 하던 순간을 어찌 잊을까요. 앙증맞은 모습으로 내 품에 안겼다가 잠들어서 눕히고 나면 품에 안겨있던 느낌만으로도 전 행복합니다.

흙 위에 털썩 앉아서 노는 쌍둥이를 안아봅니다. 한 팔에 한 명씩 안고 볼을 맞대니 초롱초롱한 눈으로 "엄마." 하면서 뽀뽀합니다. 입맞춤에 내 마음속 꽃이 피어납니다.

'엄마' 이 한마디가 나를 사로잡는 것들 중에 으뜸입니다.

만두와 찐빵

단풍을 재촉이라도 하듯 가을비가 내리고 있다.

이제 막 물들기 시작하는 나뭇잎들이 가을비를 맞아 선연히 빛나는 것을 창을 통해서 바라보다 문득 솔향기가 그리워졌다. 얼려두었던 송편을 꺼내 찌니 김이 모락모락 나는 찜통에서 솔향기가 온 집안을 가득 채우며 익어가고 있다.

햇살이 빛을 최고로 발하는 팔월에 시할머님 제사가 있다. 논농사에 고추 농사까지 짓느라 바쁘실 텐데도 내가 떡보라는 것을 아시고는 제사 때마다 항상 송편을 해 놓으시는데 아버님까지 만든다고 하신다. 밭에서는 주인의 일손을 기다리는 일들이 산더미처럼 쌓여 있어도 읽어야 할 글월이 있으면 꼭 읽고야 마는 학자풍의 아버님께서 송편을 만드셨다고 하니 믿기지가 않는다.

향기가 깊이 스민 송편에 붙어있는 솔을 하나하나 떼는 손끝으로 시어른들의 사랑이 전해져 온다. 멀리 산다는 핑계로 전화만 달랑 드리고 할 도리도 못하며 사는 며느리인데도 솔잎이 묻어있는 송편이 맛있다며 싸 주시곤 한다.

냉동실에 보관하였다가 송편의 맛이 그리울 때마다 쪄 먹는 맛도 좋고, 때로는 한겨울에 솔향기를 맡으며 송편을 먹는 즐거움도 있다.

시댁에 가서 처음으로 송편 만들던 때가 생각난다. 충분히 물에 불린 멥쌀을 곱게 빻아 익반죽을 해 놓은 뒤 시어머님은 마당에 널어놓은 고추를 손보러 나가셨다. 맏며느리였기에 혼자 충청도 친정에서 하던 식으로 송편을 빚고 있는데 시동생이 보고는

"형수님! 웬 만두입니까?" 한다. 예쁘게 송편을 빚었다는 칭찬을 듣고 싶어서 있는 정성 없는 정성 들여 만들었는데 만두라니.

"이게 왜 만두예요 송편이지, 도련님 한번 빚어 보세요."

내 말에 시동생이 충청도의 두세 배 정도는 되게 반죽을 떼어다 주물럭주물럭 만들어 놓은 것을 보니 영락없이 찐빵이었다. "이게 무슨 송편이에요, 찐빵이지." 만두니 찐빵이니 서로 우기다가 마당에 계신 시어머님을 불렀다. 어머님까지 내가 빚은 송편을 보고 만두라고 하시어 아연실색하던 그때.

그 후 송편을 빚는 방식이 지방에 따라 조금씩 다르다는 것을 알았다. 서울에서는 친정에서 만든 송편보다 약간 작게 하여 작은 조개처럼 만들고 황해도에서는 시댁인 경상도처럼 손자국을 내서 크게 빚으며 원산 지방에서는 뒤를 눌러 빚는다는 것이다.

송편에는 밤, 대추, 팥, 참깨 등을 소로 준비한다. 밤은 껍질을 벗겨서 네 등분 하고 대추는 씨를 빼고 잘게 썬다. 친정에서는 팥을 맷돌에 갈아 껍질을 벗기어 사용하였는데 시댁에서는 껍질을 벗기지 않고 쪄서 으깨었다.

송편을 만들 때면 반죽된 재료를 떼어 준비된 소를 넣은 다음 양쪽 손바닥으로 누르고 눌러 동그랗고 납작하게 빚으면 되었다. 찐빵 모양 같은 송편이야 그냥 동그랗게 만들면 되는 줄 알았는데 시어머님께서는 손가락으로 누르지 말고 손바닥을 사용하고 너무 납작하면 안 되니까 약간 동그랗게 빚으라고 하신다. 결혼한 지 이십 년째이니 이제 제법 잘 만들을 만도 한데 영 맵시가 나지 않는다.

지난 늦여름에는 친정에서 송편을 빚었다. 반죽을 조금 떼어 두 손으로 비비면 새알 모양으로 동그랗게 되는데, 엄지손가락으로 가운데를 눌러가며 타원형으로 구멍을 만든 뒤 햇콩이나 준비된 소를 넣어 마주 접어서 끝을 물린 다음, 손가락 몇 개로 누르면 반달 모양에 그림같이 손가락 자국이 찍힌다. 그러나 반달 모양이 아니라 자꾸만 보름달처럼 만들려고 하니 그새 경상도 사람이 되었는가.

내가 어릴 때 친정에서 송편을 빚을 때는 한 말도 넘게 하였다. 당숙모까지 가까운 친척의 아낙들이 모두 모여 이야기꽃을 피우며 송편을 빚는데 처음에는 모양도 작고 예쁘게 정성 들여 빚는다. 시간이 흘러 반죽된 재료는 더디 줄고 어둑해지어 보름달이 휘영청 떠오르면 송편의 크기는 점점 커지면서 어린 내게도 송편을 만들어 보라고 하였다. 모양도 안 나고 속을 터트리며 주물럭거리는데도 잘 했다고 칭찬하시며 계속 빚길 바라셨다.

그때나 지금이나 솜씨가 없는지 모양이 없는 내 송편을 보고는 결혼하더니 더 보기 싫게 빚는다고 하기에 경상도 송편을 만들어 보였다. 찐빵이지 무슨 송편이냐며 이웃 아주머니들까지 웃으시는데, 송편 빚는 방식이야 지방마다 달라서 그렇지 충청도 송편만 송편이냐 경상도에선 여기 송편을 보고는 웃는다고 얼굴이 붉어지도록 설명을 했었다.

시댁에서는 아직도 가마솥에다 불을 때서 찐다. 가마솥에다가 뚝뚝 꺾은 솔가지를 밑바닥에 깔은 뒤 채반을 얹고 베보자기를 덮는다. 그 위에다가 빚은 송편을 서로 붙지 않게 놓은 후 솔잎을 한 켜 깔고 송편을 놓고 또 솔잎을 한 켜 넣고…….

언젠가 추석 전에 시어머님과 솔잎을 따러 간 적이 있다. 풀숲과 나뭇가지를 헤치며 오른 야산엔 소나무는 눈에 띄지만 서서 딸 수 있게 낮은 소나무는 별로 없고 게다가 연둣빛으로 막 돋기 시작하는 나무는 더더욱 드물었다. 이 나무 저 나무 한참을 뽑으며 다니다 보니 머리는 헝클어지고 땀은 비 오듯 쏟아지고, 맑은 공기와 더불어 바구니를 옆에 낀 채 초가을 햇살을 만끽하며 솔잎을 뽑으리라던 나의 생각과는 딴판이었다.

가마솥에 불을 지필 때는 패어 놓은 장작이나 열매는 수확하고 남은 깻단, 콩깍지 등이 태워졌다.

다 쪄지면 바로 먹을 송편은 솔잎이 붙은 채로 찬물에 잠깐 넣었다가 건져낸 뒤 참기름을 바른다. 상큼한 솔내음과 참기름에서 풍기는 고소한 향, 거기다 만들은 사람의 정성과 손맛까지 배어 난 그 맛을 어디다 비하리.

소를 여러 가지 넣어 만들면 겉모양을 보고 속에 든 재료를 맞추어가며 먹는 재미도 있다. 충청도에서 동부라고 부르는 콩을 넣으면 겉은 약간 울퉁불퉁하고 미색의 색깔이 나는데 송편 소 중에서 제일 좋아한다.

친정의 송편 맛이 그리울 때도 가끔 있지만 경상도 송편에 익숙해지고 입맛에 맞으니 나도 이제 시댁 식구가 다 되었나 보다. 경상도라도 서울식을 따라 작고 예쁘게 만들기도 하고 떡집에서 사다 먹는 이도 있다. 추석에 송편을 빚을 때면 어머님과 단둘이 음식 장만하느라 바빠서 우리 집도 사다 먹자고 여쭙고 싶은데 바쁜 농사철에 있는 제사 때도 아버님과 만들어 놓는 정성을 생각하면 차마 말이 나오지 않는다.

그래도 지금처럼 송편이 먹고 싶을 때 솔잎을 떼어 가며 향과 맛을 즐길 때면 송편을 만들 때의 지루함보다는 재미가 새록새록 느껴지니 시장에서 사다 먹기는 아직 먼 듯싶다.

반달이니 보름달이니 만두니 찐빵이니 송편의 겉모양이 아무렴 어떠랴. 멥쌀과 여러 가지 소, 솔잎 향기와 참기름이 어우러져 느껴지는 송편의 맛과 빙 둘러앉아 가족 간에 송편을 빚으며 느껴지는 끈끈한 정과 온갖 정성 들여 만드는 아낙들의 손맛이 있으면 되지.

가을비도 그쳐 하늘은 세수라도 한 듯 맑게 씻기어 있다. 이제 추석이 얼마 남지 않았으니 친정이나 시댁이나 어머님들은 솔잎을 뽑으러 산을 오르실 테다. 송편에는 솔잎이 꼭 있어야 한다며 힘든 일도 마다않는 어머니들의 사랑, 그 사랑을 이어받아 송편을 빚을 테다.

소반 가득 빚은 송편은 보름달 모양도 있고 때론 반달도 눈에 띌 것이다. 내 마음에 송편 모양은 중요하지 않을 테니까.

봄꽃 향기

벚꽃이 환하다. 다섯 장씩 달린 꽃잎이 눈처럼 새하얗다. 그러면서 분홍빛을 띤다. 처음으로 옅게 화장하는 사회 초년생 같은 풋풋함이 있다. 활짝 터진 꽃들이 무더기로 피어 바람에 일렁이는 것이 꽃주먹밥 같다.

올 봄꽃은 순서가 없다. 언제 피려나 애태우더니 한꺼번에 폭죽 터트리듯 피어 눈을 아찔하게 한다. 목련, 개나리, 벚꽃이 핀 무심천을 보고 청주의 봄은 여기서 시작된다는 것을 느꼈다.

봄꽃은 향이 미미하다. 모양도 화려하지 않고 튀는 색깔도 없다. 민들레, 제비, 냉이 같은 키 작은 꽃들도 보면 수수하다. 그래도 바라보는 이에게 생동감을 주고 마음을 열어 환하게 하는 마력이 있다.

꽃이 핀 걸 보고서야 봄이 왔음을 느낀다. 긴 겨울의 추위를 견디고도 일찍 꽃을 피워 탄성을 자아내게 한다. 희망을 준다. 그래서일까. 봄이란 말만 들어도 포근하고 생생한 느낌이다. 봄봄봄 이어서 해보면 풋풋한 향기가 감돈다.

봄을 기다리는 것은, 꽃이 피기를 기다리며 봄꽃 같은 사람을 그리워하는 것은 아닌지. 꽃 가득한 이 계절에, 난 봄꽃 같은 사람인지 들여다본다.

봄꽃은 가슴을 두근거리게 해 놓고 빨리 져 버린다. 서둘러 지기 때문에 더 예뻐 보이고 기다리는 것은 아닌지. 계속 그 자리에 같은 꽃이 있으면 가슴 설레며 기다리지 않을 테니까.

이제 이 봄의 정원에 바람이 불면 꽃비가 내릴 테다. 스치는 바람결에도 팔랑팔랑 날릴 풍경이 기대된다. 지는 꽃을 대신해 찔레꽃, 조팝나무꽃도 필 테다.

벚꽃나무 아래에서 봄꽃 향기 나는 사람이 그립다.

모임득 수필집

간이역 우체통

인 쇄 / 2013년 11월 5일
발 행 / 2013년 11월 12일

저 자 / 모 임 득
발행인 / 서 정 환
발행처 / 수필과비평사

출판등록 / 1984년 8월 17일 제28호
주 소 / 서울시 종로구 삼일대로 32길 36
(익선동 30-6 운현신화타워 빌딩) 301호
전 화 / (02) 3675-5633, (063) 275-4000 · 0484
팩 스 / (063) 274-3131
E-mail / sina321@hanmail.net
essay321@hanmail.net

값 13,000원

ISBN 979-11-5605-021-6 03810

이 도서의 국립중앙도서관 출판시도서목록(CIP)은 서지정보유통지원시스템 홈페이지(http://seoji.nl.go.kr)와 국가자료공동목록시스템(http://www.nl.go.kr/kolisnet)에서 이용하실 수 있습니다.(CIP제어번호: CIP2013022848)

※ 이 책은 충북문화재단 기금 일부를 지원받아 발간하였습니다.